김기태의
첫 번째
이야기

더 즐거운 **변화**

김기태 지음

CBNU BOOKS

머리말

그동안 '웃음과 건강', '펀(Fun) 리더십', '직무스트레스 관리방안', '즐거운 일터 만들기', '행복한 가정 만들기', '취업강좌'등의 강의를 해왔다. 뒤돌아 생각해보면 아찔했던 순간도 있었고 강의하는 내 입 주변만 바라보는 많은 사람들의 시선에서 기쁨과 '바로 이거야!'하며 마음속으로 쾌재를 불렀던 순간도 있었다. 처음의 서툴고 어색했던 강의 모습에서 지금은 1,000회 이상의 특강 경험을 갖게 되었고, '강의가 이런 것이구나! 이렇게 하면 되는구나!'라고 생각되는 부분도 있고, 아직도 어렵게만 느껴지는 부분도 있다. 부족한 사람의 이야기를 경청해주고 격려해주신 많은 분들에게 감사할 따름이다. 또한 책을 출판할 수 있도록 도와주신 모교 충북대학교 출판부와 고봉만 교수님, 안영현 교수님께 깊은 감사를 드린다.

부끄러운 이야기지만 간혹 이런 이야기를 할 때가 있다. "'행동할 수 있는 사람은 실천하고 행동할 수 없는 사람은 가르친다.' 라는 말이 있습니다. 그래서 저는 실천할 수 있는 행동가가 되지 못하기에 강의를 하고 있습니다." 라는 말을 하기도 한다. 강의 때 했던 말처럼 행동할 자신이 없었던 이유로 했던 말이다. 하지만 수없이 떠들어댔던 많은 분들의 좋은 말과 교훈이 어느덧 내 자신도 많이 바꿔 놓았다. 강의에서 거의 빼먹지 않고 말하는 내용 중에 이런 말이 있다. '말이 입 안에 있으면 내가 그 말을 다스리고 말이 입 밖에 있으면 그 말이 나를 다스린다.' 수없이 입 밖으로 떠들었던 좋은 말이 어느 덧 삶을 더 바르게, 더 즐겁게 변화시켜 주었고, 이제는 당당하게 즐거운 변화에 대해 말할 자신이 생겼다.

강의를 하다가 주머니에서 만 원짜리 지폐를 꺼내 청중에게 물어볼 때가 있다. "오늘 강의를 적극적으로 경청해주시는 분에게 이 돈을 드리려고 하는데 받고 싶은 신 분 있으시면 손을 들어보세요!" 그러면 언제나 장난기어린 눈빛으로, 수줍은 표정으로 손을 들어주시는 분들이 있다. 그러면 돈을 손안에서 마구 구기면서 다시 물어본다. "이렇게 구겼는데 혹시 그래도 갖고 싶으신 분 손 들어보세요!" 역시나 처음 손드셨던 분들이 다시 손을 들어 보인다. 이번에는 돈을 바닥에 내려놓고 구둣발로 마구 밟아버리며 물어본다. "이래도 갖고 싶으신 분 손 들어보세요!" 처음 손들었던 사람들은 의아해 하면서 계속 손을 들고, 나는 마지막으로 이렇게 물어본다. "돈이 구겨지고 밟혀졌는데도 갖고 싶다고 계속 손드는 이유는 무엇일까요?" 여기저기에서 이구동성으로 하는 말들이 있다. "돈의 가치가 변하지 않아서입니다."

마구 구기고 밟아도 돈의 가치는 변하지 않는 것처럼 살아가면서 때론 시련 속에서 상처받고 우울해지고 스트레스를 받더라도 우리가 추구하는 가치도 변하지 않는다. 모든 사람들은 살아가는 과정에서 그리고 살아있음을 느끼는 순간에 언제나 행복과 즐거움을 추구하는 가치는 변하지 않는다.

즐거움을 느낄 때 우리는 스트레스를 잊고 행복함을 느끼며 '이런 시간만 있었으면 좋겠다.'라는 생각을 한다. 하지만 언제나 주변 환경이나 타인이 나를 즐겁게 해주기를 기다리고만 있는 경우가 많다. 스스로 즐거움의 변화를 가져야 하고 그런 주도적인 즐거운 변화가 필요하다. 그래야 더 행복할 수 있다.

대학을 간신히 졸업할 정도로 배움에 적극적이지 못했고 크게 내세울 만한 것도 없다. 부자도 아니다. 하지만 세상을 즐겁게 살아야 한다는 신념은 갖고 있다. 지금부터 그 즐거움의 신념을 이야기해본다.

김기태

목 차

잠깐, 시작하기 전에

더 즐거운 변화가 필요하다

당신은 어떤 사람과 함께 있길 바라세요? 어떤 사람과 살고 싶으세요? 어떤 친구, 동료가 옆에 있길 바라세요? 질문에 대한 답변을 생각하는 순간 많은 생각이 떠오를 것이다. 돈 많은 사람, 예쁜 사람, 멋진 사람, 착한 사람, 능력 있는 사람... 사람마다 가치관이 달라서 추구하는 사람의 유형도 분명 다를 것이다. 이런 사람이면 어떨까? 돈 많고 날 웃겨주는 사람, 예쁘고 나에게 웃음을 주는 사람, 멋지고 날 웃게 해주는 사람, 착하고 날 즐겁게 해주는 사람... 더 함께하고 싶지 않을까? 같은 조건에 웃음과 즐거움을 주는 사람은 많은 사람들이 더 함께 있고 싶고 더 그리워하는 사람이지 않을까 생각해본다.

좋아하는 연예인이 TV에 나올 때 주변 사람의 표정을 관찰해 보면 느낄 수 있는 것이 있다. 아무 말도 하지 않고 오로지 TV를 향한 그 사람의 표정에는 평소 쉽게 볼 수 없던 기쁘고 즐거운 표정이 나타난다. 순간 근심이나 걱정 따위는 전혀 없어 보인다. 스스로가 주변의 가족, 친구, 동료에게 이렇게 바라만 봐도 또 생각만 해도 즐겁고 유쾌한 사람이라면 얼마나 행복할까? 주변 사람들에게 즐거움을 주는 그런 사람이 되면 얼마나 좋을까?

즐거운 변화는 반드시 필요하다. 적어도 가까이에 있는 가족, 친구, 직장동료에게는 더더욱 그렇고 개인적으로도 더 큰 행복의 요소가 된다. 즐거운 변화는 일상의 많은 일에 긍정적 변화를 가져다준다. 대인관계의 중요성이 갈수록 증대하는 현대사회에서 성공을 위해 필요한 요소이기도 하다. 즐거움이 있는 사람, 웃음이 있는 사람은 쉽게 다가갈 수 있고, 친근감, 호감을 느끼게 해 상대방에게 편안함을 준다. 즐거움이 있는 사람은 긍정적인 모습을 많이 갖고 있어서 만병의 근원이라 말하는 스트레스를 이겨내는 힘도 갖고 있다.

최근 사회적으로 '소통'이라는 단어를 많이 사용한다. 소통이 되는 가정은 더 행복할 수 있고 소통하는 직장은 더 큰 성장의 동력을 가질 수 있으며 소통하는 사회는 국제사회에서 더 큰 나라의 힘을 가질 수 있다. 소통을 위해 리더는 스스로 소통을 위한 자세와 마음가짐이 행동으로 표출되어야 한다. 권위적인 모습을 보이면서 말로만 소통을 강조하는 리더에게 쉽게 다가가기가 어렵다. 말로는 소통을 강조하면서 소통하는 자세를 갖지 못한다면 말뿐인 소통일 것이다. 진정한 소통을 위해서는 서로를 이해하고 배려하는 마음의 즐거운 변화가 필요하다.

여러 가지 이유로 조직에서도 즐거움이 있는 사람을 환영한다. 팀에 활기를 불어넣을 수 있고 동료들과의 원만한 인간관계를 통해 일에 대한 효율성을 높인다. 우리는 즐거운 사람과 함께 일하고 싶어 한다. 리더가 즐거움을 갖고 있다면 구성원과 더 가까워질 수 있고 자연스런 소통이 이루어질 수 있다. 구성원의 사기진작에도 효과적인 모습이 만들어져 조직의 생산성 향상에도 도움이 된다.

많은 직장인들이 일터에 출근하면서부터 우울함이나 스트레스를 받고 있다는 설문조사내용을 쉽게 볼 수 있다. 이런 스트레스는 근로자의 건강에 분명 안 좋은 영향을 줄 것이고 근로자의 스트레스는 충동적인 마음이 행동으로 표출되어 집중력을 떨어뜨리고 산업 현장이나 일상에서 안전을 위협하는 요소도 될 수 있다. 리더의 즐거움의 표현과 행동은 상당부분 구성원의 스트레스 해소에도 효과적일 수 있다.

그러면 즐거움의 변화를 갖기 위해 무엇이 필요할까?

첫 번째는 명확한 인생의 비전, 목표, 꿈이 있어야 한다. 목표나 꿈이 분명할 때 외부적인 요인에 쉽게 흔들리지 않고 스스로 더 열정적이고 긍정적인 모습을 갖게 한다. 같은 일을 해도 목표를 이루기 위해 일하는 모습과 마지못해 일하는 모습에서 즐거움과 열정의 정도는 분명히 달라질 것이다.

두 번째 즐거움의 변화를 위해서는 주변 사람과의 관계가 즐거워야 한다. 주변 사람이란 가족, 친구, 고객, 동료 등이 될 수 있고 그 사람들과의 좋은 관계가 즐거움을 위해 반드시 필요하다. 대인관계의 중요성은 아무리 강조해도 지나치지 않는다. 좋은 인간관계는 우리에게 즐거움을 주고 행복의 성취감을 더 키워주며 성공을 위한 더 큰 에너지를 갖게 한다. 우리는 깨어있는 시간의 대부분을 주변 사람들과 함께 보내고 의사소통을 하면서 지내는데 재미있는 사실은 사람들과의 관계 안에서 갈등, 불화로 인한 스트레스의 요인도 갈수록 증가하고 있다. 생각해보면 주변 사람과의 관계 개선의 노력을 통해 인간관계에서 오는 많은 스트레스 요인을 이겨낼 수 있는 힘을 갖게 된다. 인간관계의 즐거움을 찾기 위해서는 배려하는 마음, 경청, 칭찬 등의 노력이 필요하다.

마지막으로 더 즐거운 변화를 위해 스스로 웃는 모습을 더 만들어야 한다. "웃으며 즐겁게 살아야 합니다." 말하면 웃을 일이 없어서 웃지 못한다고 대답하는 사람들을 쉽게 볼 수 있다. 더 웃어야 한다. 웃다보면 즐거운 마음이 더 생기고 그 마음에서 우리는 웃을 일도 더 많이 생긴다. 웃는 얼굴은 상대의 얼굴을 더 쉽게 웃는 모습으로 바꿀 수 있고 서로 웃고 있을 때 우리는 같은 정서를 공유하고 있다는 친밀감과 유대감이 형성되고 일상은 더 즐거워진다.

사람은 항상 즐거울 순 없다. 리더가 언제나 웃고 있을 순 없다. 하지만 우리는 더 많은 시간을 고민하고 걱정하며 무표정한 모습으로 살아가고 있다. 조금만 더 즐겁고 웃을 수 있다면 변화는 더 크게 다가올 수 있다.

간혹 강의를 하다가 "리더가 즐거움을 가져야 합니다. 웃음을 줄 수 있어야 합니다." 라고 말하면 인상을 찌푸리고 이렇게 대답하는 사람을 볼 수 있다. "그렇게 웃고 즐겁게 있으면 돈 잘 버는 줄 알고 돈 빌려 달라, 급여 올려 달라, 뭐 사 달라! 부탁하는 사람이 많아 머리만 더 아파집니다."그럴 수 있다. 갑자기 변한 모습에 주변 사람들이 그런 생각을 할 수도 있겠지만 리더의 즐거움의 변화가 지속된다면 그런 말보다 "당신 덕분에 항상 유쾌해집니다. 고맙습니다. 그래서 오늘은 제가 쏘겠습니다."라는 말을 들을 수 있지 않을까?

장사가 잘 되는 사장님은 즐거운 모습을 더 많이 가지고 있다. 단순히 장사가 잘 돼서 더 웃고 즐거울까? 아니면 그런 즐거움의 에너지가 장사를 잘 되게 했던 이유일까? 뭐가 정답이라 쉽게 단정 지을 수는 없지만 사업과 일의 성공을 위해서 즐거움과 웃음이 필요하다는 것은 분명하다.

"사업, 일이 잘 되면 나도 그럴 수 있다!"

누구나 할 수 있는 말이다. 그렇지 못한 상황에서 웃음을 선택하고 행동할 수 있는 즐거움의 변화는 분명 성공의 에너지를 가질 수 있게 한다.

같은 이유로 최근 취업난으로 힘들어하는 구직자들도 스트레스만 받지 말고 좀 더 긍정적인 즐거움의 변화를 가져야 한다. 많은 일터에서 긍정적이고 활기찬 인재를 선호하기 때문이다. 즐거움의 변화는 개인, 가정, 조직, 사회에 반드시 필요한 요소이다.

첫 번째 변화

더 즐거운 변화를 위한 조언

1. 즐겁고 편안한 사색의 시간을 갖자

나른한 오후에 맑은 하늘에서 온 몸으로 쏟아지는 따스한 햇살을 받으면 마음이 편안해지고 자연스럽게 눈을 감게 된다. 평온하고 행복하고 또 차분함을 느끼게 된다. 매일 이렇게 좋은 날씨가 계속되는 것이 아니라서 이런 시간을 갖는 건 1년 중 얼마 되지 않는다. 때로는 바쁜 일상 때문에 그런 날씨인지 모르고 지나버린다. 따스한 햇살을 느끼는 그런 날처럼 우리의 마음을 편안하게 해주는 것이 있다. 바로 '사색'이다. 즐거운 변화를 위해 '사색'하는 시간을 가져야 한다!

고등학교 시절 읽었던 수필 중에서 베이컨의 '사색'이 생각난다. 오랜 시간이 지나버려 정확히 기억나지 않지만 그래도 조금 기억할 수 있는 이유는 '사색'에 대한 베이컨의 정의를 어렴풋이 마음속에 간직하고 있어서다. 베이컨은 '사색'을 '독서'와 비교해 이렇게 정의 내렸다. 독서는 한 마을에 살면서 그 마을 사람들의 옷을 입고 그 사람들의 음식을 먹는 것이라 했고 사색에 대해서는 한 마을에 살면서 그 마을 사람들의 관습, 살아온 풍습 그대로를 실천하면서 그 마을 사람들과 함께 살아가는 것이라 했다.

'사색'에 대해 이렇게 말하고 싶다. 독서가 다른 누군가의 삶을 흉내를 내는 것이라면 사색은 진정 그 사람이 되어가는 것이고, 독서가 마음의 음식을 새롭게 섭취하는 것이라면, 사색은 마음의 금식을 통해 체질개선을 하는 것이다. 사색을 통해 우리는 마음의 여유와 평온함을 느껴볼 수 있다. 때로는 살아온 시간을 되돌아보며 반성하고 새롭게 도전할 수 있는 열정의 마음가짐을 갖게 된다. 기분 좋은 사색의 시간은 스트레스를 이겨내는 데도 분명 큰 힘 될 수 있다.

도심 한복판에는 여러 가지 이유로 아름답고 큰 공원들이 있다. 그 비싼 땅에 개발과 발전이라는 명목으로 새로운 건물이 들어서길 바라는 사람들도 있겠지만 도심에는 공원이 반드시 필요하다. 바쁜 일상에서 한 번씩 뒤돌아 볼 수 있는 삶의 여유를 갖는 시간처럼 말이다. 삶의 여유를 느끼고 스스로의 더 즐거운 변화를 갖게 하는 '사색'의 시간을 가져야 한다! 꿈도 꾸고 사랑도 하고 영화 속 주인공의 멋진 모습도 될 수 있다.

무엇보다 현실 속의 자신의 모습도 천천히 살펴보고 꿈꾸던 세상으로 갈 수 있는 방법과 계획도 만들어 보자! 즐거운 변화는 시작될 수 있다.

사색을 통해 했던 많은 생각들은 바쁜 일상에 의해 또다시 쉽게 잊혀 진다. 그래도 즐겁다. 언제나 바빴고 정신없었던 삶의 달콤한 휴식이기에...

가끔은 사색의 시간 속에서 얻어낸 나름 좋았다고 생각되는 것들을 적어 놓는다. 그리고 시간이 지나 우연히 그 글을 읽어볼 때가 있다. '언제였지?'생각하면서, 왜 그리 글을 못 쓰는지 탄식도 해보고 누가 볼까 두려운 창피함을 느끼기도 한다. 때론 '왜 이런 생각을 했을까?' 당시를 회상하면서 다시 고민하고 생각해봐도 전혀 기억이 나질 않을 때가 있다. 그땐 몰랐다. 지금 생각해보면 별 일 아닌 것을. '왜 별일 아닌 일에 그런 고민을 했지?' 그래도 즐겁다. 뒤 돌아볼 수 있어서...

즐거움을 좀 더 길게 가져가기 위해 사색을 통해 느낀 생각을 일기처럼 적어보면 어떨까? 시간이 지나면 추억이 되고 그때를 생각하며 한 번 더 미소를 지어볼 수도 있고, 그 시간의 감정을 되새기며 스스로 더 성장했음을 느낄 수 있도록...

기억난다! 사춘기 시절 새벽에 잠이 오지 않아 풀리지 않는 내 인생을 생각하고 이성을 생각하고 가족을 생각하며 그냥 적었던 글들. 마치 인생의 심오함을 알고 있는 성인들처럼. 아침에 일어나 새벽에 썼던 글을 읽고 스스로 창피함을 느껴 몰래 찢어버렸던 추억, 물론 너무 늦은 시간의 사색은 더 감상적이고 추상적인 글로 표현되어 나중에 보면 이해 못할 수 도 있겠지만 모두 아름다운 추억의 시간이다. 사춘기 시절 모나게 굴었던 스스로의 모습을 반성하다 문득 부모님 생각에 미안함과 죄송스러움을 느껴 가끔 편지를 썼던 일이 있었다. 부끄러운 마음에 아침 일찍 편지를 거실 탁자에 놓고 학교로 갔던 일. 무슨 내용들을 적었는지 정확히 기억나진 않지만 분명 '죄송합니다. 더 잘 하겠습니다. 지켜봐 주세요.'라는 내용이었다. 부끄럽고 창피했지만 그때 그 감성이 지금 가족을 먼저 생각하려는 마음을 만들었을 것이다.

매일은 아니더라도 가끔 사색도 하고 아름답고 소중한 시간의 생각을 글로 적어보자. 가족을 향한 마음, 이루고자 하는 꿈을 이룰 행동수칙들. 행복해야 함을 느끼고 더 즐거운 일상의 변화를 생각할 수 있다. 편안한 사색의 시간을 통해 변화를 생각해보자! 좋은 생각은 좋은 행동을 만들어 준다. 좋은 생각을 하는 편안한 '사색'의 시간이 우리에게 필요하다.

더 즐거운 변화를 위한 한마디

예전에 개그맨 김영철씨가 방송에서 했던 이야기가 있다. 영어강사로도 활동하는 김영철씨는 초등학교 때 공부를 잘 했지만 단 한 번도 전교에서 1등을 하지 못했다고 한다. 한번은 당시 전교 3등을 한 친구와 점심을 함께 먹다가 서로 소원을 이야기하다가 김영철씨가 먼저 이렇게 말했다고 한다.

"난 1등하는 친구가 죽었으면 좋겠다!
그래야 내가 1등할 수 있으니까. 그런데 네 소원은 뭐냐?"

그러자 전교 3등을 하는 친구가 이렇게 대답했다.
"난 네가 죽었으면 좋겠다!"

순간 김영철씨는 충격에 아무 말도 못하고 이후에 다른 사람을 미워하는 마음을 조금 덜 수 있었다고 한다.

2. 비교하지 말자

자동차를 바꾸는 이유가 고장이 나서가 아니고, 갑자기 돈이 생겨서도 아니고 친구가, 옆집 사람이 자동차를 바꿔서라는 유머가 있다. 웃어넘기지만 정말 그랬던 적이 있다. 지금 타고 있는 차도 충분히 제 기능을 발휘하고 아직도 쓸 만하다 생각하지만 주변 환경에 의해, 다른 사람에게 보여 지는 모습을 생각해 차를 바꾸는 경우가 있다. 기존의 차를 계속타면 새 차를 구입하는 비용을 절약할 수도 있고 그 돈으로 다른 유용한 활용을 할 수 있다. 사실 알면서도 때론 그게 잘 안 된다. 보여 지는 모습이 중요해서.

이런 모습은 비단 자동차만 해당되지 않는다. 삶의 많은 부분에 있어서 우리는 다른 사람의 것, 다른 사람의 모습에 나를 비교하면서 때론 행복함을 때론 좌절감을 느끼기도 한다. 그렇게 비교하는 순간 욕심은 끝이 없어진다. 비교하지 않으려 노력할 때 우리는 더 즐거워진다. 특히 가족, 친구, 동료에게 상처주고 그래서 다툼이 생길 수 있는 비교는 하지 말아야 한다.

"그 집에는 OO도 있고 새로 나온 OOO도 있더라! 우리는 뭐냐?"

"그 집 아이는 공부를 잘해서 OO대학교에 갔더라! 공부 좀 해라! 뭐 될래?"

"그 집 신랑은 이번에 OO 사줬더라! 부럽다! 난 언제나 가져보나... 구경이나 할 수 있겠어!"

"OO와이프는 정말 요리를 잘 하더라! 다 맛있어! 우리는 이게 뭐냐? 또 이거냐? 지겹다! 이거밖에 할 수 있는 게 없어?"

살면서 우리를 가장 힘들게 하는 비교하는 말들이다.

'비교하면 상처 받는다.' 알면서도 수도 없이 비교하면서 살아간다. 때로는 이런 비교를 당할 때 허공에 대고 '그래 너랑 사는 게 지겹다.'라고 말해 보기도 한다.

'세상에 완벽한 사람은 없다.', '잘하는 면이 있으면 못하는 면도 있다.' 너무나 잘 알고 있는 말들이다. 그런데 그게 잘 안 보인다. 어쩌면 보지 않으려 했을 수 있다. 분명 내 부모, 아내, 남편, 자녀에게도 좋은 부분이 있고 때로는 그런 모습에 '함께 라서 정말 좋다.'는 감정도 느끼게 된다. 좋은 부분을 더 보려는 노력이 필요하다.

비교를 하는 말이 지속되면 큰 싸움으로 번질 수 있다. 지나치면 큰 화를 부를 수 있다. 비교하는 말 뒤에 이제 이런 말을 붙여보자! 상대는 상처받지 않고 부러움에 할 말은 다할 수 있다.

"그래도 나는 이런 당신이 더 좋아!"
"그래도 나는 이런 엄마, 아빠가 제일 좋아!"
"그래도 나는 이런 우리 아들이 딸이 더 좋아!"

하늘이 우리에게 준 인연이고 또 우리가 선택한 인연이다. 싫던 좋던 선택을 인정하고 존중할 때 스스로 존중받을 수 있는 기회는 더 많아 진다. 어느 곳에서나 내가 존중받는다는 느낌이 들면 한 없이 기분이 좋아지는 것처럼 그 기분 좋은 느낌, 행복한 느낌, 더 즐거운 느낌! 비교로 인해 망치지 말자.

3. '프루조아'가 되지 말자
(Proletarian + Bourgeois)

가끔 허세를 부려본 적이 있나요? 없는데도 있는 척 해본 적 있나요? 스스로의 경제력보다 보이는 것을 중시해 부담되지만 체면 때문에 값비싼 상품을 구입한 적이 있나요? 그로 인해 힘들었던 적이 있나요? 그렇다면 당신은 '프루조아'일 가능성이 아주 높다. 뒤돌아 생각해보면 나는 그런 경험이 아주 많았다. 그러면 안 된다고 수없이 다짐도 하고 노력도 해봤지만 잘 안 된다. 그래서 한 때 '나는 프루조아다!'라고 말하곤 했었다.

강의할 때 했던 말들 때문인지 몰라도 이제는 많은 부분에서 그런 허세나, 있는 척 하는 모습은 어느 정도 사라졌다. '허세 부린다고 현실은 바뀌지 않는다.'라는 것을 분명 알고 있고 허세부리다 힘든 적도 많았기 때문이다.

'프루조아'라는 말은 어디에도 없는 단어로 가끔 인터넷 검색창에서 검색을 해봐도 나오질 않는다. 대학 후배 중에 박 에스더라는 친구가 있는데 어느 날 나에게 이렇게 말했었다. "선배는 프루조아 같아!" 이유는 별거 없는데 항상 있는 척 한다는 것이다. 그래서 프루조아를 알게 됐고 그 뒤로 그냥 혼자서 외쳤던 말이다.

프루조아는 프롤레타리아(proletarian)와 부르조아(bourgeois)를 합친 단어로 대학 때부터 "난 프루조아야!"하며 없는 데도 있는 척 하면서 살아가는 내 자신의 모습을 표현하던 말, 그 안에서 조차 조금 있어 보이려고 '척'했던 그런 말이다. 나름대로 이런 뜻을 갖고 있다. 평소 사는 모습은 정말 평범한 서민, 때론 경제적 어려움으로 인해 힘든 상황도 많이 겪게 되는 사람, 대부분의 우리 주변에서 흔히 볼 수 있는 이런 사람들이 열등감, 질투심으로 아는 척 하기위해, 잘난 척 하기위해 허세 부리고 현실은 그렇지 않으면서 부자인척 행동하는 사람을 일컬을 때 썼던 말이다.

부르조아는 자본주의의 지배계층, 부유한 사람들을 흔히 지칭한다. 대부분의 사람들은 부자가 되고 싶지만 모두 부자가 될 수는 없다. '프루조아'인 나는 이유 없이 부자를 험담하거나 부자가 되는 과정의 이야기를 폄하하기도 했었다. 훌륭한 부자도 많이 있음을 알면서도 괜한 열등감과 동경이 그런 말을 만들어 낸다.

부르조아와 상반된 모습이 프롤레타리아다. 자신의 노동력을 팔아 생활하는 산업노동자 계급. 넓은 의미로는 자본을 소유하지 않아 자신의 노동으로 살아가는 사람들. 주변을 둘러보면 대부분의 사람들은 좀 더 부유한 환경을 꿈꾸며 열심히 살아가는 그래서 자신의 몸도 더러는 잘 챙기지 못하는 그런 사람들이 많다. 열심히 삶을 살아가는 사람들에게는 '프루조아'의 모습은 찾아 볼 수 없다.

가난하지도 않았지만 부자의 아들도 아니었다. 흔히 고소득자라고 말하는 의사, 변호사, 세무사 등의 직업은 집안에 어울리는 단어가 아니지만 성장기를 거쳐 몇 년 전까지도 남들은 내가 부잣집의 아들일 것이라 판단했을 수 있다. 허세 때문이었다. 열등감에 기죽지 않으려고 나타내는 자기보호형태의 허세! 그런 허세를 부리는 사람들이 바로 '프루조아'다.

'프루조아'의 삶

술집에서 친구들과 술을 마시면 누가 술값을 낼까?

식당에서 친구들과 밥을 먹으면 누가 밥값을 낼까?

누가 계산할까?

답은 자존심이 무척 센 돈 없는 사람이 계산한다. 부자는 천천히 나가다 계산하려 했을 것이다. 또 그렇게 말한다. 하지만 '이것마저도 계산 못하는 모습은 차마 자존심이 견딜 수 없다!' 생각하고, 돈이 없는, 여유가 없는, 그래서 남은 건 자존심밖에 없는 사람이 카드로 계산한다.

"괜찮아! 이건 내가 내야지!"하며 웃는 얼굴로 말하지만 웃는 게 정말 웃는 건 아니다. 그러면서 생각한다.

'있는 놈들이 더한다.'

이런 사람들이 '프루조아'다.

생각해보면 어린 시절 이런 모습이 굉장히 많았다. 열등감일 수 있고 무시당하기 싫어서 더 그랬던 것 같다. 그런데 결과가 항상 좋지만은 않았다. 허세를 부리다 스스로 파놓은 함정에 허우적대고 거짓말에 거짓말이 더해져 감당 못해 잠 못 이루고 힘겨웠던 적도 많았다.

지나온 삶을 후회하지는 않지만 되돌릴 수만 있다면 더 솔직하게 현실을 인정하고 허세부리지 않고 살 것 같다.

오프라 윈프리는 힘들었던 성장기 시절에 대한 질문을 받을 때 인정하고 잊어버리는 한마디로 이렇게 표현했다고 한다.

"그래! 그래서 뭐! 그게 어쨌는데!"

그 대답으로 인해 그녀는 더 당당해 질 수 있었을 것이다.

없는데도 있는 척 하고 자존심만 세운다면 당신은 프루조아다.

돈이 없어 가난한 부모를 숨기려하고 돈 많고 바쁜 그래서 쉽게 볼 수 없다고 거짓말 했다면 당신은 프루조아다.

항상 돈 많은 사람을 마음속으로 동경하면서 노력은 하지 않고 사람들 앞에서 조심스럽게 괜찮은 부자를 폄하한다면 당신은 프루조아다.

집에서는 목이 심하게 늘어진 낡은 옷을 입고 무릎이 심하게 늘어져 튀어나온 옷을 입지만 밖에서는 사람들의 시선을 너무 의식해 "명품 아니면 입을 게 없다." 말하고 항상 명품에만 열광하고 몰래 컵라면으로 한 끼를 때우고 있다면 당신은 프루조아다.

낡은 자동차가 창피해서 크고 멋진 새 차를 할부로 사면서 부러워하는 주변사람들에게 "다른 차를 사려고 했는데 이게 맘에 들어서..." 허세부리며 말한다면 그리고 자동차 할부금 때문에 돈을 빌리고 있다면 당신은 분명 프루조아다.

그래서 어느 순간 '뻥쟁이'가 되어 있고 친구들은 더 이상 프루조아의 이야기를 신뢰하지 않는다. 신뢰하지 않음을 알면서 더 뻥치면 상태는 심각해질 수 있다. 마음의 상처는 깊어지고 세상을 원망할 수 있다. 솔직함으로 벗어나야 즐거워 질 수 있다.

솔직해야 한다

'성공 이미지메이킹'과 관련하여 2년 가까운 시간 칼럼을 썼다. 사실 이런 칼럼도 사회적으로 성공한 사람이나 이미지메이킹 전문가가 써야 하지만 칼럼을 쓰고 싶은 욕심에 도전했었다. 칼럼을 통해 좋은 모습을 연출하고 변화를 이야기 했지만 이미지메이킹에서 가장 중요한 것은 '척'이 아닌 솔직함이지 않을까 생각해 본다.

'솔직함이 매력이다.' '진실은 언제나 통한다.'라는 말을 자주 들을 수 있다. 돈이 조금 없다고 위축될 이유도 없다. 작은 차를 탄다고 큰 차를 타는 사람을 부러워하며 자신의 신세를 탓할 필요도 없다. 작고 조금은 손 볼 곳이 많은 집에 산다고 크고 좋은 집에 사는 사람을 부러워 할 필요도 없다. 어제도 살아왔고 오늘도 살고 있는 그대로의 모습, 인정할 것은 인정하고, 더 좋은 모습을 갖고 있는 분들의 배울 점을 배우려는 노력. 그래야 더 행복해지지 않을까? 허세 속에 꾸며진 모습은 진실함이 없어 오래가지 못한다. 솔직해야 한다. 요즘 주변을 보면 많은 사람들이 명품에 환호하고 명품을 갖고 싶어 하는 모습을 쉽게 볼 수 있다. 하지만 모두가 명품을 가질 수도 없고 명품이 있어야만 인생이 명품 되지도 않는다. 현실을 인정하는 솔직함. 그 안의 더 긍정적이고 더 열정적인 모습은 누구에게나 통하는 보기 좋고 함께하고 싶은 모습이 될 수 있다.

스스로가 프루조아라 느낀다면 그래서 열등감에 주변사람들에게 허세를 부리고 거짓말을 지속적으로 했다면 그래서 힘이 들었다면 이제부터 솔직해야 한다. 솔직함이 편안함과 즐거움, 당당함을 준다. '척'하는 프루조아는 되지 말자!

더 즐거운 변화를 위한 유머 1

레이건 대통령의 유명한 스피치 중에 이런 내용이 있다.

"많은 분들이 제가 대통령이 된 비결을 궁금해 하는데 그 비밀을 밝히겠습니다. 사실은 제가 아홉 가지 독특한 재능 때문에 대통령에 당선되었습니다. 첫 번째로 한번 들으면 절대 잊어버리지 않는 탁월한 기억력, 그리고 두 번째는.........에... 그게 뭐였더라?........음...에..."

더 즐거운 변화를 위한 유머 2

피로는 신체적 정신적으로 작업능력을 감소시켜 일터에서는 안전을 위협하는 커다란 장애요소가 될 수 있다. 만사가 귀찮아 지면서 짜증도 쉽게 나타난다. 피로는 목욕, 휴식, 수면 등의 시간이 좋다.

목욕탕에서 샤워를 하고 있는데 옆에 5살 정도로 보이는 아이가 혼자서 샤워를 한다. 귀여운 아이의 모습을 보면서 샤워를 하는데 아이 옆으로 등에 커다란 용문신이 그려진 사람이 있었다. 순간 미소를 띠고 아이를 바라보다가 문신이 그려진 사람과 눈을 마주치면 안 좋은 소리를 들을까 걱정스러운 마음에 등을 돌려 샤워를 하고 있었다.

한참을 샤워를 하는 데 느낌이 이상해서 옆을 쳐다봤는데 아이가 나를 보다가 놀래서 옆에 큰 용문신이 그려진 사람을 보게 됐다. 문신을 보고 무서워서 도망을 갈 줄 알았던 아이는 무서워하지 않고 한참을 문신 구경하다가 등에 커다랗게 문신이 그려진 사람의 옆구리를 찌르며 이렇게 말한다.

"아저씨! 이렇게 큰 판박이는 어디서 사요?"

4. 자존감을 높여라

어려움에도 불구하고 항상 사기가 높은 사람들이 있다. "점점 좋아지고 있습니다. 나아지고 있습니다."라고 말하는 사람들을 보면 '저 사람은 분명히 잘 될 거야!'라는 생각이 든다. 이런 사람들의 특징은 자존감이 높다. 성공을 꿈꾸고 행복한 삶을 영위하고 싶어 하는 우리들! 자존감을 높여야 한다.

자존감이란 무엇일까? 『나를 믿는다는 것』,『자존감의 여섯 가지 특성』 등의 저자인 심리학자 나다니엘 브랜든(Nathaniel Branden)은 자존감을 이렇게 말했다. '삶을 살면서 만나는 어려 가지 문제를 스스로 해결할 수 있고 자신은 행복을 누릴 가치가 있다고 믿는 마음이다.' 다시 말하면 자기 자신을 어떻게 평가하느냐의 문제이다. 자존감은 왜 중요할까? 그것은 우리의 삶과 행복이 마음먹기에 달려 있기 때문이다.

강의 중 "여러분은 행복하십니까?"라고 질문을 던지면 바로 대답을 하는 분들이 있는가 하는 반면 한참을 고민하는 분들도 있다. 그런데 '행복하다'라고 말하는 사람들의 얼굴을 가만히 살펴보면 대체적으로 미소가 있는 밝은 표정이고 반대로 대답하지 못하고 고민하는 사람들은 갑자기 진지한 표정으로 변한다.

스스로 행복하다고 마음먹는 순간 표정이 바뀐다. 바뀐 밝은 표정이 삶을 변화시킬 수 있다. 밝은 표정으로 인해 긍정적인 생각을 더 가질 수 있고 열정도 자신감도 생긴다. '나는 참 행복하다!'라고 외쳐보자! 순간 확실히 기분이 좋아진다.

"나는 성공한다. 나는 할 수 있다. 왜냐하면 나는 OOO이기 때문이다."

OOO에는 자신의 이름을 넣어 큰 소리로 외쳐라! 그 순간 가슴속에서 무언가 뭉클한 게 올라오는 것을 느낄 수 있고 볼이 따뜻해지면서 어깨가 쫙 펴지는 느낌을 가질 수 있다. 그럴 때 신념과 배짱이 생기고 자신감과 열정이 크게 생긴다.

자존감을 높이기 위해서는 몇 가지 행동이 필요하다. 첫 번째, 스스로 인생의 목표가 어디인지 분명하게 인식해야한다. 그저 그렇게 살아가는 인생이 아니라는 것을 스스로 인식하고 인생의 명확한 비전을 뚜렷하게 가질 때 자존감이 높아지고 성공과 행복에 한 걸음 한 걸음 가까이 다가감을 느낄 수 있다. 스스로에게 '내가 지금 어디를 향해, 무엇을 향해 달려가고 있는가?'라는 질문을 던지는 그런 시간을 만들어 보자! 질문에 명확하게 대답할 수 있다면 당당한 자신감과 더불어 자존감은 높아진다.

두 번째, 자신의 의견을 당당히 말하는 습관을 가져야 한다. 물론 다른 사람과의 만남과 대화에서 예의에 어긋나는 정도는 안 되지만 스스로 추구하는 가치를 말할 수 있어야 한다. 자신의 마음을 속이고 상대의 눈치를 봐서는 안 된다. 또한 말에는 행동이 따라야 하며 반드시 자신의 말에 대한 책임을 질 수 있어야 한다.

자존감이 높은 사람은 아무리 어려운 문제가 닥치더라도 그런 상황을 침착하고 꿋꿋하게 잘 견뎌내고 무엇보다 열정이 있다. 스스로 행복한 삶을 살 가치가 있다는 신념과 그런 신념이 넘치는 말, 그리고 명확한 인생의 비전! 언행일치를 실천하는 모습을 통해 자존감을 높여라!

5. 목소리의 힘을 키워라

개인적 친분이 있는 사장님을 만나서 식사를 한 적이 있다. 그 사장님은 몇 년 전 자신감 부족으로 나에게 잠시 교육을 받았던 분으로 그때의 인연이 지금까지 이어지고 있다. 그 분은 자신감을 키우고 다른 사람들 앞에서 말하는 무대 공포증을 해결하려고 지금도 여러 리더십 프로그램에 참가하고 있으며, 대부분의 프로그램에 재미를 느끼고 있었다.

계속된 대화에서 그분의 표정은 예전보다 많이 밝아졌지만, 여전히' 목소리에 힘이 없다'고 느꼈다. 꾸준히 무언가 말은 하고 있지만 좀처럼 '지루하다'라는 생각을 지울 수 없었다. 말을 할 때 음의 변화가 없고 비음이 많이 섞인 목소리는 집중해서 듣지 않으면 이야기의 흐름을 놓칠 수 있을 정도로 어려움이 있었다. 그래서 "사장님 목소리에 힘이 느껴지지 않습니다."라고 말을 했고 목소리의 힘의 필요성과 장, 단점에 대한 이야기는 계속되었다. 사장님과 만나기 며칠 전부터 아서 조세프의 '보컬파워'라는 책을 읽고 있었기에 더욱 목소리에 관심이 많아졌다.

성공한 사람들 중 목소리가 나쁜 사람이 별로 없다는 것을 느낄 때가 있다. 왜 그럴까? 그들의 목소리에는 언제나 자신감과 힘이 느껴진다. 그리고 열정이 있다. 우리는 힘 있는 목소리를 가진 사람들을 쉽게 구별할 수 있다. 이런 사람들은 대개 다른 사람들의 시선을 끄는 어떤 힘을 가지고 있고 어디서나 다른 사람들 눈에 쉽게 포착된다. 이들의 목소리는 자신의 성격이나 외모, 전달하고자 하는 메시지, 그들의 행동과 잘 어울리기 때문이다.

많은 사람들은 상대방의 외모, 즉 어떻게 생겼고 어떤 옷을 입었는지를 보고 그 사람을 판단하려 한다. 하지만 사람의 내면을 볼 수 있는 것은 그 사람의 목소리다. 목소리는 우리의 감정이나 생각을 전달하고 목소리를 통해서 다른 사람들을 설득할 수 있으며 행동의 변화를 줄 수 있는 힘을 가지고 있다. 눈으로 보이는 것이 외적인 것이라면 목소리는 내면을 말한다. 커리어 면에서 당신의 일처리 능력을 향상시키는 것과 동시에 목소리의 힘을 강화한다면, 진급의 기회, 계약을 성사하거나 면접관을 설득하는 데 큰 도움이 될 수 있다. 또한 목소리를 계발하면 주변사람과의 관계가 더 좋아질 수 있고, 이상형인 배우자를 만날 수도 있다.

'목소리는 타고난 것이다'라고 생각한다면 먼저 그 고정관념을 버려야 한다. 목소리도 꾸준한 연습과 훈련을 통해 변화시킬 수 있다. 내면의 힘을 키우고 상대를 설득할 수 있는 목소리의 힘을 키워야 한다. 하루에 5분정도 신문이나 책을 큰소리로 읽어보자. 먼저 호흡을 가다듬고, 배에서 나오는 목소리를 느껴라. 힘 있는 목소리는 자신감과 일상의 즐거움을 증가 시킬 수 있다.

6. 평생 직업이 필요하다

일에 대한 패러다임이 시대에 따라 바뀌고 있다. 일을 통해 자아실현, 보람과 가치를 추구해야 한다고는 하지만 사실 삶을 영위하기 위한 가장 기본적인 활동이 되어버렸다.

'고용 없는 성장의 시대', '10명 중 4명이 백수' 등의 신문 헤드라인을 비교적 자주 볼 수 있다. 대학에서 취업과 관련된 강의를 하는 분들과 취업관련 업무를 보는 분들은 하나같이 "요즘 대학생들은 정말 안쓰럽습니다. 우리 때와 비교할 수 없을 만큼 열심히 노력하지만 갈 곳이 많지 않습니다."라고 말한다. 구직자에 비해 일자리가 턱없이 부족하다고 한다. 하지만 "그렇지만도 않습니다."라고 말하는 사람도 있다. 그들은 "많은 사람들이 편하고 깨끗하고 안전한 일자리만 선호하다 보니 조금은 힘들고 지저분하고 위험한 일을 하는 곳에는 사람 구하기가 어렵습니다."라고 말한다.

IMF이후로 대한민국의 직업에 큰 변화가 생겼다. 바로 평생직장의 개념이 완전히 사라졌다는 것이다. 대한민국 어디에도 정년을 확실히 보장해 주는 기업은 없다. 또한 정년에 대한 나이가 놀라울 정도로 낮아지고 있다. 그래서 많은 구직자들이 공무원에 열광하는 것 같다.

최근에는 '38살이 되면 정년퇴직을 생각해야 된다.'라는 '삼팔선'이라는 신조어도 생겼다. 그러다보니 30대 말에서 40대 초반에 회사를 나와 무엇을 할까 고민하는 분들이 정말 많다. 대부분 다시 회사로 들어가기 위해 고민하기보다 노후까지 평생 할 수 있는 일을 선택하고자 한다. 많은 사람들이 '평생직업'을 찾고 있다.

평생 직업을 선택하기 위해서는 몇 가지 조건을 생각해야 한다.

첫 번째는 자신이 좋아하는 일, 하고 싶은 일을 해야 한다. 좋아하는 일에 흥미를 느낄 수 있고 흥미를 느낄 때 일에 더 빠져들 수 있다. 의욕이 생기고 더 큰 열정이 생긴다. 자신의 일에 열정을 가질 때 꾸준한 성과를 기대할 수 있다.

두 번째 조건은 스스로 잘 하는 일을 선택해야 한다. 좋아하고 하고 싶은 일이기는 하지만 일의 역량이 다른 사람에 미치지 못한다면 좋은 성과를 얻을 수 없다. 결국 지속해서 일을 하기 어려울 수 있다. 분명 본인이 잘 할 수 있는 일, 그런 일에 성공 가능성이 높아진다. 다른 사람의 성공을 부러워하기보다 본인이 정말 잘 할 수 있는 일을 찾아야 한다.

마지막으로 평생 직업을 선택하기 위해서는 시장성이 있는 일을 선택해야 한다. 미래의 시장성이 있는 일에 몰두할 때 지속적인 성취감은 더욱 커질 수 있다.

전국을 다니며 강의를 하는 내 모습을 전에는 상상할 수 도 없었다. 그렇지만 지금은 너무 좋고 성취감과 행복감도 느낀다. 내가 좋아하는 일, 내가 잘 할 수 있는 일. 이 두 가지는 내가 강의를 하는 이유이기도 하다. 강의를 할 때 매번 즐거움을 가질 수 없지만 많은 강의에서 큰 기쁨과 보람을 느꼈고, 정말 잘 할 수 있는 일을 선택했다는 생각을 한다.

樂此不疲(요차불피)라는 말이 있다. 좋아서 하는 일은 아무리 해도 지치지 않음을 뜻하는 말이다. 자신이 좋아하고 정말 하고 싶고 잘 할 수 있는 그리고 미래의 시장성이 있는 일에 대한 진지한 생각과 자기분석을 통해 보람과 행복을 더 오랫동안 느낄 수 있는 평생 직업을 가질 때 우리는 더 즐거울 수 있다.

1. 설득을 잘 하면 즐거워진다

취업을 앞둔 구직자는 면접에서, 제품을 홍보하는 직원은 고객 앞에서, 창업을 앞둔 분들은 사업설명회를 무사히 마치기 위해 말을 잘했으면 하는 마음을 갖고 있다. 설득을 잘하면 큰 자신감과 즐거움도 가질 수 있고 성공을 위한 큰 힘도 갖게 된다. 말하는 데 자신이 없고 설득이 어려운 분들에게는 설득 커뮤니케이션 역량이 필요하다.

오래 전 아리스토텔레스는 "설득은 학습을 통해 배울 수 있는 또 하나의 기술이다." 라고 말했다. 그리고 설득에는 3가지 요소가 있다고 했다. 바로 이토스(Ethos), 파토스(Pathos), 로고스(Logos)이다.

첫 번째, 이토스(Ethos)는 메시지를 전하는 사람의 모습으로, 설득에서 가장 중요한 요소다. 표정, 목소리, 옷차림, 카리스마, 신뢰, 억양 등이 상대에게 호감을 줄 수 있을 때 설득이 용이하다. 따라서 면접, 세일즈, 사업설명회, 고객응대 등에서 설득 커뮤니케이션을 성공시키기 위해서는 자신이 다른 사람에게 어떻게 비춰지는 지를 확인하고 개선이 필요한 부분에 대한 노력이 필요하다. '표정이 밝은 사람은 어디를 가도 환영받는다.'라는 말처럼 상대에게 호감을 줄 수 있는 밝은 표정이 설득의 기본이다.

두 번째, 파토스(Pathos)는 듣는 사람의 심리상태이며 이야기를 듣는 사람이 대화에 즐거움을 느낄 때 설득이 용이하다는 것이다. 당신의 이야기를 듣기 위한 심리상태를 상대에게 제공하기 위해 유머나 이익이 될 수 있는 부분을 먼저 말하는 것이 효과적일 수 있다. 소통하는 대화를 위해서 많은 사람들은 말의 시작에 유머를 활용한다. 최근 취업에서도 유머와 재치가 있는 인재를 선호한다는 기사를 본 적이 있다. 인터넷이나 책을 통해 유머를 많이 보고 활용하는 것이 유머 잘 하는 방법이 될 수 있다.

세 번째, 로고스(Logos)는 논리적인 근거나 사실적인 자료 등으로 상대방의 결정을 정당화시킬 수 있는 근거를 제공하는 논리적 측면이다. 따라서 말할 내용을 종이에 옮겨 적고 확인을 해보거나, 녹음을 해서 개선하는 노력이 효과적이다. 많은 사람들이 아마도 로고스 측면을 중요하게 생각하지만 위의 두 가지 보다 설득하는 데 있어서 비중은 적다고 한다.

"설득은 20%의 기술과 80%의 인격이 결정한다."라는 말이 있다. 단순하게 말만 잘하는 모습이 아닌 내면이 아름다운 모습. 장소에 맞는 깔끔한 옷차림과 밝은 표정, 겸손하고 경청하는 모습, 그리고 진실한 마음으로 말할 때 당신이 원하는 모습으로 상대를 설득할 수 있을 것이다.

스피치를 잘하는 사람이 성공한다

미국의 오바마 대통령이 대선에서 승리한 후 그의 스피치 능력이 크게 부각됐었다. 많은 사람들의 눈은 연단에 서있는 오바마의 입에 멈췄고, 그가 말하는 한마디 한마디에 촉각을 곤두세우고 귀담아 들으며, 때로는 그의 말에 눈시울을 붉히던 청중들의 모습은 정말 신비롭게 보였다. 말을 전달함에 있어서 그의 말은 생동감이 있었다. 스피치의 중요한 이유는 바로 여기에 있다. 어떤 사람의 말은 가슴을 벅차게 하고 청중의 시선을 압도하면서 변화를 이끌어 내는 반면 어떤 사람의 말은 지루하고 졸린 경우도 있다.

세일즈를 하는 사람, 투자 설명회를 하는 사람, 인사담당자 앞에서 발표를 하는 취업준비생, 새로 가입한 모임에서 처음으로 자기소개 할 때, 학교에서 발표 할 때, 회사에서 새로운 기획안을 발표할 때 등등 우리는 많은 일상에서 스피치를 해야 할 일이 있다. 이런 상황에서 청중의 마음을 사로잡는 멋진 스피치를 한다면 분명 당신을 바라보는 시선과 느낌은 달라진다. 많은 사람들이 긴장감에서 오는 불안의 요소가 스피치를 어렵게 한다고 말한다. 실제로 성인남녀의 90%이상이 다른 사람들 앞에서 발표불안을 가지고 있다.

'산 속에 있는 적 만 명은 잡기 쉬어도 우리 마음속에 있는 적 하나 잡기 힘들다.' 라는 왕양명의 말처럼 두려워만 말고 계속 도전해 본다면 긴장된 마음은 분명 줄어들 것이다.

스피치도 그림과 비슷한 면이 있다. 예를 들어 '말'을 그리는 데 있어 강아지인지 말인지 구분이 안 되는 대충 그린 그림과 정확한 '말'의 특징이 묘사되어 있는 그림은 설명하고 상대가 납득하는 데 있어서 많은 차이가 있다. 스피치도 마찬가지다. 발음이 분명해야 정확한 전달이 될 수 있다. 또한 글을 쓸 때 띄어쓰기가 중요하듯이 스피치를 하는 데 있어서 띄어 말하기 역시 중요한 요소이다. 자칫 잘못 표현될 수 있는 요소가 충분하고 말하는 사람의 품격을 대변할 수 도 있다.

원근감이 잘 표현된 그림이 생동감을 줄 수 있듯이 스피치도 그런 원근감 있는 표현이 되어야만 생동감을 줄 수 있다. 스피치를 할 때 그림의 원근감과 같은 표현은 바로 음의 장단과 고저변화라고 할 수 있다. 예를 들어 "적의 그림자가 서서히 우리 앞으로 다가오고 있습니다."에서 장단의 변화를 주는 스피치는 입체적 느낌을 갖게 한다. 또한 "우리 인간에게 가장 필요한 것은 '사랑'입니다."라고 말하는데 있어서 음의 변화가 전혀 없는 스피치는 계속 진행될수록 듣는 사람을 지루하게 한다. 음의 고저의 변화를 적절하게 해주는 스피치는 청중의 마음에 메시지를 통해 변화를 줄 수 있다.

설득을 잘 하시는 분들이나 TV에서 보는 명강사의 스피치는 분명 음의 변화가 듣는 사람의 마음에 팍팍 와 닿는다는 느낌을 갖게 한다. 음의 고저의 변화를 적절히 활용하면 청중에게 열정적인 모습으로 비춰진다. 강조할 부분에 고음을 활용할 수 있고 때로는 반대로 정말 작은 소리로 청중의 시선을 집중시킬 수도 있다.

끝으로 '말 속에 자기를 투입하라.'는 데일 카네기의 말처럼 스피치 할 때 내용과 일치되는 감정을 목소리와 표정에 담아야 한다. 그래야 청중 혹은 상대의 마음을 얻는 스피치가 될 수 있다.

스피치 능력은 이론으로 완성될 수 없다

많은 사람들 앞에서 말을 하는 것은 굉장히 어려운 일이다. 평소 주변사람들과 하는 그런 대화와는 다른 부분이다. 친구와는 편안하게 이야기하고 자신의 생각을 잘 표현하지만 몇 사람만 앞에 앉아 있어도 자신의 생각이 잘 표현되지 않는다. 긴장한 마음으로 인해 얼굴은 붉어지고 손은 어디에 둬야 할 지 모르겠고, 나를 바라보는 사람의 얼굴은 도저히 볼 수 없어서 먼 곳만 바라보게 되고, 스피치 도중에는 무슨 말을 하고 있는 지 또 무슨 말을 해야 할지 모르겠다는 사람들이 정말 많다. 이런 사람들의 대부분은 리더십, 스피치 학원을 다니면서 자신감을 찾기도 하고 스피치 능력을 향상 시킬 수 있는 책을 읽기도 한다.

강의 중에 "저도 예전에 무대 공포증이 굉장히 심했습니다."라고 고백을 하면 전혀 믿지 않는 눈치다. 정말 심했는데 말이다. 지금도 상황과 대상에 따라 긴장을 하면서 강의를 진행하기도 하지만 강의 경험이 늘어나면서 긴장을 감추는 능력이 생겼나보다.

스피치의 긴장감은 누구나 있다. 너무 잘 하려고 생각하면 긴장은 정비례한다. '조금 못 할 수 도 있다.'라는 편안한 마음이 필요하다. 스피치 역시 긴장감을 감추려는 모습보다 솔직한 모습이 긴장감을 덜어준다. 그래서 시작할 때 "많이 떨리지만 시작해 보겠습니다."라는 솔직한 감정을 표현하는 것도 긴장감을 이겨내는 데 도움이 된다.

많은 사람들이 이야기하는 스피치의 긴장완화법은 실질적인 도움이 되지 못한다. 경험의 수치를 증가시키는 것이 무엇보다 중요하다. 물론 처음에는 떨리는 마음에 실수를 해서 망신스런 모습도 생길 수 있다. 다음에 덜 떨면 되지 않을까? 사람들의 시선이 두렵고 무서워서 쳐다보지 못했다면 다음의 스피치에서는 시작하면서 앉아 있는 사람들의 눈을 한 번씩 본 후 시작하면 된다. 스피치를 시작할 때 갑자기 '멍'해져서 말을 못했고 그래서 진땀을 흘렸다고 생각되면 다음에는 처음 몇 분의 이야기를 스피치 하기 전에 입 밖으로 수도 없이 떠들어 보고 시작해보자. 긴장이 되도 입은 움직인다.

2006년 처음 생방송에 출연을 했다. 보통은 강의 중 휴대전화를 꺼놓는데 깜박하고 그렇지 못할 때도 있다. 혜천대학에서 강의를 하고 있는데 TJB방송국(대전방송)에서 전화가 왔다. '생방송 오늘! 오늘의 초대석'에 출연을 요청하는 작가의 전화였다. 당시에는 강의 할 기회가 좀처럼 주어지지 않아서 나름 좋은 기회겠다는 생각에 출연을 약속했다.

방송 출연을 이틀 앞두고 작가로부터 예상 질문내용을 팩스로 받았다. 답변 내용을 적어서 다시 팩스로 보내고, 그리고 그 때부터 문제가 생겼다. '방송을 정말 해야 된다. 이제 하는 구나!'라는 생각에 갑자기 아랫배가 아리기 시작했다. 밥을 먹어도 약을 먹어도 아린 배는 계속 진행형이었고 저녁에는 쉽게 잠이 오지 않았다. 새벽녘에 지쳐 잠들고 일어나 보니 이제 방송이 하루 남았다. 아침 일찍 사무실에 출근해서 거울을 보면서 하루 종일 질문의 답변을 입으로 계속 떠들어 댔다. 실제 방송에 출연해서 이야기하는 것처럼 질문하고 혼자서 대답하고 그랬다.

'생방송인데... 처음 방송 출연인데... 망신당하면 어쩌나?' 머리 속에 맴도는 근심과 걱정은 지속적으로 아랫배를 더 아리게 했지만 방법이 없었다. 수도 없이 답변을 입 밖으로 떠들어 보는 수밖에는...

다음 날 오후 방송을 시작하기 전 아나운서 두 분과 인사를 나누고 차를 마시며 간단한 대화를 마쳤다. 알고 보니 그 짧은 시간이 리허설이었다. 잠시나마 기댈 곳도 없이 방송은 시작되었다. 생방송이라서 방송사고가 있으면 안 된다고 스튜디오 안으로 들어가니 문을 걸어 잠근다. 자리에 앉고 보니 주변으로 보이는 모니터에는 내 얼굴이 보이기 시작했고 정면의 카메라에는 빨간불이 들어왔다. 아무생각이 나지 않았다. 소리 없이 지나가는 영화의 한 장면처럼 '멍'했다. 그렇게 끝났다.

방송을 마치고 난 후 전화기를 켜보니 '잘 봤다! 축하한다!'는 주변 사람들의 문자가 여러 통 와있었다. 집에 도착해서 부끄러운 얼굴로 부모님께 "다녀왔습니다." 인사를 하니 활짝 웃으며 "잘했다!"는 격려를 해주시고 아버지가 이런 말을 한다. "잘 했는데, 말이 너무 빠르더라!"

다시 보기를 통해 방송을 봤다. 큰 실수는 없었지만 말이 정말 빨랐다. 그리고 알았다. 입으로 수도 없이 떠들어서 긴장하고 '멍'했지만 생방송을 무사히 마칠 수 있었다는 것을...

자신감 있는 스피치 기법과 관련된 강의를 할 때면 이 이야기를 자주 한다. 그리고 이어서 이렇게 말한다. 긴장될 때 머리로 생각만 하지 말고 입으로 소리 내어 계속 떠들어 보라고. 면접을 앞둔 구직자는 자기소개 문구를 소리 내어 자주 연습해보면 긴장이 되도 해야 할 말, 할 말은 할 수 있다. 세일즈 하시는 분은 고객에게 횡설수설 하는 경우를 줄일 수 있다. 긴장의 시간은 처음 몇 분이다. 연습할 때 머리의 생각만이 아니 입으로 소리 내어 말해야 한다!

그리고 누구나 긴장을 한다. '나만 왜 그럴까?' 생각하지 말고 좀 더 즐거운 마음으로 계속 도전해야 한다! 스피치 역량은 당신의 적극적인 행동만큼 증가할 수 있다.

스피치의 자신감을 위한 이야기

남들 앞에서 발표하고 말하는 것이 너무 싫어 삶의 터전을 옮겨 살던 한 남자가 있었다. 결국 이 사람은 절로 들어갔다. 산 속의 절에서 나무하고 밥하고 빨래하고 살아가니 정말 행복했었다.

따뜻한 햇살이 비추던 봄날! 산에서 나무를 하고 내려오는 길에 남자는 깜짝 놀란다. 산에서 절을 바라보니 절터에 정말 많은 사람들이 모여 있고 그 많은 사람들 가운데 맨 앞에서 큰 스님이 무언가 이야기 하고 있는 모습을 발견한다. 이 모습을 본 남자는 '니도 언젠가는 스님처럼 저 많은 사람들 앞에서 말해야 하나? 여기도 살 곳이 못되는 구나!'하며 걱정을 하게 되었다. 저녁 식사도 거르고 방안에서 고민만 하던 남자는 순간 번쩍이는 생각이 떠올랐다.

낮에 큰 스님이 그 많은 사람들 앞에서 말씀을 잘 하시던데. 그래 스님한테 물어보자! 큰 스님은 분명 비법을 알고 계실거야! 분명 내 걱정에 답을 주실 거야!'

이 남자는 늦은 밤 큰 스님의 방을 찾아간다. 그리고 이내 그동안 살아오면서 가장 크게 고민하고 걱정했던 남들 앞에서 말하는 두려움에 대한 이야기를 털어놓았다.

이야기를 다 들은 큰 스님은 이렇게 말한다.

"허허! 너에게 이런 고민이 있었구나! 그렇다면 내가 너에게 그 비법을 알려줄 테니 다른 사람에게 결코 알려주지 말고 보여주지 말고 오직 너만 알고 있어야 한다!"하며 종이에 비법을 적어주고 접고 또 접어 그 남자에게 주었다.

살아오면서 가장 큰 걱정거리의 답을 받아 들은 남자는 기쁜 마음에 연신 "고맙습니다."라는 인사를 하며 스님 방을 나서 자신의 방으로 뛰어갔다. 방문을 걸어 잠그고 큰 스님이 주신 비법을 조심스럽게 펼쳐 보았다. 그리고 그 남자의 입에는 커다란 미소가 그려졌다.

그 비법이 무엇인지 궁금하죠?

그 종이에 쓰인 내용은 바로

.

.

'나도 떨려!'였다.

8. 거절하기와 부탁하기

거절하기

살아가면서 항상 경제적 여유를 갖고 사는 사람은 얼마 되지 않을 것이다. 대부분 여러 가지 이유로 대출을 받거나 돈을 빌릴 일이 생기기 마련이다. 돈을 빌릴 때 돈을 빌리는 사람은 상대에게 언제까지는 갚을 능력이 있다는 등의 자신감을 피력한다. 그리고 대부분의 사람들은 약속한 날짜에 빌린 돈을 갚는다. 이것이 '신용'이다. '신용'을 잘 지키는 사람은 상대에게 신뢰감을 부여한다. 하지만 때론 생각처럼 일이 풀리지 않아 그 약속을 어길 경우도 있고 상대방에게 피해를 입히고 잠적하기도 한다. '신용'은 사라지고 신뢰감은 바닥으로 떨어져서 좋았던 감정의 벽은 허물어지기 시작한다. 돈을 받아야 할 사람은 돈을 줄 사람을 다그치고, 돈을 갚아야 할 사람은 계속 약속을 어기고 전화를 받지 않고 심지어 연락두절의 상황이 생길 수도 있다. 액수가 크다면 상황은 더 심각해진다. 그 상황이 술자리에서 어쩔 수 없이 응했던 것이라면, 그리고 배우자나 가족들에게 상의하지 않은 빚보증이라면 사태는 정말 더 심각해 질 수 있다.

'빚보증은 부모 형제가 해달라고 요구해도 절대 안 해준다.'라는 평소 신념은 갖고 있었지만 막상 부탁하는 사람의 자신감 있는 언행, 안타까운 심정 때문에 차마 거절하지 못해 승낙하셨던 분들도 있을 것이다. 일이 생각처럼 잘 풀리면 둘 사이는 정말 더 신뢰할 수 있는 사이가 되지만 생각처럼 일이 풀리지 않아 곤경에 처한다면 거절하는 방법이 더 간절할 것이다. '거절 했어야 했는데 왜 못했을까? 그냥 여유자금 정도만 빌려줄 걸!'

사람은 혼자서 살 수 없고 삶을 살아가면서 이웃과 친구, 주변사람들과 서로 도우며 살아가야 한다. 하지만 항상 상대방의 요구를 받아주는 것이 옳은 것만은 아니다. 그리고 상대의 요구를 받아 줄 때는 반드시 자신의 마음이 진심으로 표현될 수 있어야 한다.

새 차를 구입한 사람은 차를 볼 때마다 기분이 좋다. 그리고 흠집이 생길까봐 처음 몇 달은 정말 신경 쓰인다. 밖에서 주차할 때는 가급적 눈에 보이는 곳에 주차를 하고 수시로 확인한다. 저녁에는 쉽게 잠들지 못하고 차의 무사함을 기원하며 잠을 청한다. 이럴 때 마음의 안정을 위해서는 새 차라는 생각이 변할 시간이 필요하다.

새 차 구입한 사람에게 어느 날 친구가 급하게 차를 빌려달라고 요청한다. 차의 주인은 거절 못하고 망설인다. 왜 당당하게 거절하지 못할까? 마음은 벌써 거절이라고 외치고 있는데 말이다. 이유는 간단하다. 상대에게 비춰질 자신의 모습을 생각한다. 쫀쫀해 보일까봐! 그리고 친구와 관계가 나빠질까 걱정스러워 단번에 거절 못한다. 친구의 요청을 거절했다고 사이가 나빠질까? 아니다. 물론 서운한 감정이 들기는 하겠지만 상대도 분명 이해할 수 있다. 반대로 차를 빌려주기 싫은데 거절하지 못해 빌려줬다고 인간관계에 도움이 될까? 그런 모습이 상대에게 도움이 될까? 아니다. 차를 빌려주면 또 차가 걱정된다. 무사히 차가 돌아와야만 마음이 편해진다. 들어주기 싫은 부탁을 들어주는 순간 우리는 걱정을 안게 된다.

거절하기 힘든 부탁이 있을 때 마음의 진심으로 대해야 한다. 거절하지 못하는 것은 나를 속이고 상대를 속이는 행동이다. 그래서 거절하는 방법이 필요하다. 거절하는 효과적인 방법은 먼저 자신의 생각을 분명히 단호하게 말해야 한다. 그리고 정중한 태도가 필요하다.

마음이 약하다는 핑계로 단호하게 거절하지 못해 변명거리를 만들면 더 곤란을 겪을 수도 있다. 한국 사람들은 '정'이 있어서 거절하면 서운해 한다고 생각한다. 솔직한 마음의 표현을 정중하게 해보자!

"도움이 못 돼서 죄송합니다."

부탁하기

짐을 들고 있는 아버지를 보고 아들은 "제가 들게요!"하며 아버지의 짐을 받아 든다. 그런데 짐을 들어보니 아들이 혼자 들기에는 너무 무거웠다. 아들은 아버지에게 같이 들자는 말을 못한다. 혼자서 힘에 부쳐하는 모습을 알아차린 아버지가 함께 짐을 들어주며 말한다.

"힘들면 같이 들자고 하면 되지 왜 말을 안 하느냐?"

아들은 대답한다. "그냥 들만 해요!"

우리는 무거워서 힘이 들어도 도와달라는 부탁의 말을 안 한다. 그래서 더 힘에 부칠 때가 있다. 부탁했으면 더 편하게 들 수 있었는데 귀찮아서, 어려워서 부탁하지 못한다. 어떤 사람은 부탁을 못하는 이유가 "부탁을 하는 것이 최선이라는 사실은 알지만 거절당할까 두려워 스스로 편한 것을 선택하기 때문이다."라고 말한다. 그래서 힘든 짐을 들고 가면서 도와줄 사람이 있어도 우리는 쉽게 부탁하지 않는다.

식당에서 자장면을 시켰는데 짬뽕이 나온다면 어떻게 할까? 다시 자장면을 달라고 요구할까? 아님 짬뽕도 괜찮다며 그냥 먹을까? 아마 그냥 드시는 분들이 많을 것이다. 싸우기 싫은 마음일 수 있고 아니면 배려하는 마음일 수 있고, 시간이 없어서 그럴 수도 있다. 식당 주인은 고맙고 착한 사람이라며 분명 칭찬을 할 것이다. 하지만 스스로 짜증이 나고 음식이 먹기 싫어지면서 답답한 감정이 든다면 그건 착한 것과는 거리가 조금 멀다. 자신 있게 말할 필요가 있다. 앞서 거절하기처럼 부탁도 당당하게 해야 한다.

타인에게 부탁을 받으면 감정이 어떨까? 아마 기분이 나쁘지 않을 것이다. 우리는 누군가를 도와줄 때 큰 즐거움을 느끼기 때문이다. 기부를 할 때, 아픈 사람을 부축해 줄 때, 할머니, 할아버지가 폐지를 가득 실은 리어카를 힘들게 끌고 갈 때 대부분의 사람들은 그냥 지나치지 못한다. 도와주고 "고마워요!"라고 말하는 어르신의 말에 기분이 좋아진다.

'오늘 착한 일 하나 했구나!' 생각하면서...

부탁은 때론 스스로를 알리는 좋은 기회다. 일 때문에 다른 사무실을 방문하면 "차 드릴까요? 무엇으로 드릴까요?"하며 물어볼 때가 있다. 그러면 "아무거나 주세요!" 말한다. 그러면 대부분 커피를 준다. 커피를 마시지 않는 사람도 정확하게 말하지 않았기 때문에 커피를 받아야 한다. 뒤늦게 "저는 커피를 마시지 않습니다."라고 말하면 상대방은 이렇게 답변할 것이다.

"진작 알려주셨으면 녹차를 드렸을 텐데... 다시 드릴까요?"

상대에게 부탁이 어려워 자신의 정보를 주지 못했고 잠시 서로 불편할 수도 있다. "커피를 마시지 않으니 다른 걸로 주시면 감사하겠습니다." 라고 부탁을 했다면 당신의 정보를 제공한 것이고 다시 방문 할 때는 이렇게 말할 수도 있다. "커피 안 드시죠! 그래서 녹차를 준비했습니다."

당당하게 부탁하고 요구하는 것이 상대를 더 존중하는 것이다. 부탁하지 못해 속 앓이 하는 것보다 당당하게 자신의 정보를 제공하고 요구하는 자세가 필요하다. 또한 부탁을 할 때는 분명히 공손하고 정중한 태도가 필요하다.

마음의 속 앓이 하지 말고 자신에게 솔직할 수 있는 대화! 거절하고 싶다면 당당하게 그리고 정중하게 거절하자! 부탁하고 싶다면 당당하게 그리고 정중하게 부탁하자! 그게 정신 건강에 더 좋다.

두 번째 변화

명확한 꿈이 있어야 한다

갖고 싶어서 해보고 싶어서 이루고 싶은 마음에 언제나 꿈꾸고, 그려보는 꿈이 있는가? 있다면 꿈을 실현시킬 계획과 행동이 필요하다. 꿈이 없다면 꿈을 찾는 노력이 절실히 필요하다. 스스로 어디를 향해 가고 있는지? 무얼 간절히 원하는지? 질문을 던져보자! 간절히 원하는 명확한 꿈이 있을 때 우리는 더 즐거워진다.

1. 인생의 명확한 꿈을 갖자! 즐거움은 시작된다

코이라는 잉어과의 물고기가 있다. 이 물고기는 환경에 따라 성장크기가 많이 달라진다고 한다. 코이를 조그만 수족관에서 키우면 10㎝도 자라지 못하지만 연못에서 키우면 20㎝까지도 자랄 수 있다고 한다. 더 놀라운 사실은 이 코이라는 물고기를 큰 강에서 키우면 최대 120㎝까지 자랄 수 있다고 한다. 코이의 크기를 결정하는 것은 그 물고기가 살아가는 환경이다. 그러면 우리 미래의 삶을 변화시킬 수 있는 것은 무엇일까? 여러 가지 요소가 있을 수 있겠지만 무엇보다 비전, 목표, 꿈이라고 말하고 싶다.

최근 고용시장의 침체로 인해 많은 구직자들이 힘들어 하는 모습을 쉽게 볼 수 있다. 한 때 취업과 관련하여 인생의 큰 고민을 했었던 시절이 있었다. 대학교 졸업이 며칠 남지 않았는데, 갈 곳이 없었다. 솔직히 말하면 실력과 준비는 안 된 상태에서 눈높이도 높았었다. 여하튼 그때 그런 생각을 해봤다.

'다시 대학교 1학년으로 돌아가면 지금 같은 모습은 만들지 않을 텐데...'

시간은 되돌릴 수 없다. 생각해보면 이런 힘든 상황은 스스로 만든 모습이고, 대학에 들어와서는 진로에 대한 고민을 한 적도 없었고 뭘 해야겠다는 생각도 없었다. 그냥 그렇게 하루하루를 무의미하게 보낸 것이다. 그런 무의미한 시간이 지속되면서 대학교를 졸업할 때 결과는 처참했다. '후회'뿐이었다.

다시는 그러지 말아야지 하면서도 잠시 편안함을 찾으면 그런 마음이 금방 사라진다. 얼마 가지 않는다. 그리고 또 시간이 지나 같은 모습에 후회하겠지. 문제는 '간절히 원했던 꿈이 없었다.'는 것이다. 꿈이 있다면, 간절히 원하는 그 무엇이 있었다면, 분명 우리의 삶은 달라질 수 있다.

무언가를 이루고 싶을 때, 갖고 싶을 때, 하고 싶을 때 우리는 자연스럽게 열정이 생긴다. 열정이 생기면 자기도 모르게 자신감과 활기가 넘치게 된다. 그럴 때 우리는 생각한 것을 행동으로 옮기게 되고 그러면서 변화가 생길 수 있다. 많은 동기부여가들은 비전, 꿈의 중요성에 대해 수도 없이 강조한다. 비전과 꿈, 목표는 다른 사람에게 보여주기 위해서가 아니라 자신의 인생에 행복감과 성취감을 줄 수 있고 다른 사람들에게 긍정의 영향을 끼칠 수 있어야 한다.

부끄러운 나의 이야기를 해본다. 열정을 갖지 못한 꿈! 꿈이라고 말하기 부끄러운 욕심! 허세! 그리고 의존적 사고를 고백해 본다. 대학시절 자동차를 갖고 싶은 마음이 간절했었다. 당시에 대학생이 자동차를 타고 다니는 것은 이성에게 더 어필하는 요인이 될 수 있었고 무엇보다 부러움의 대상이 될 수 있는 일이었다. 그래서 욕심이 생기는 것이다. 일을 해서 돈을 모아 그 욕심을 이뤘어야 했는데 그때는 방법이 잘못됐다. '프루조아'의 모습으로 부모님께 전적으로 의존했었고 크고 비싼 차를 열망했었다. 당연히 부모님은 해줄 수 없었다. 당시의 마음이 남아 있어서인지 부모님은 내가 취업을 하고 직장을 다닐 때 당시 갖고 싶었던 자동차를 사주셨다. 더 힘든 시기였음을 그 후에 알게 되었고 아무리 생각해봐도 어리석은 모습이었다. 그건 꿈이 아니고 단순한 열등감이 빚어낸 욕심이었다. 당시의 열등감에 갖게 된 욕심이 꿈이였다면, 철이 좀 더 일찍 들었었다면, '프루조아'의 삶을 일찍 버렸다면 열정과 땀의 소중함을 좀 더 일찍 알 수 있었을 것이다.

강의 중에 학생들에게 물어볼 때가 있다.

"여러분들 중 스스로 인생에 명확한 꿈과 비전이 있는 사람 손을 한 번 들어보세요?"

50여명의 학생 중 손을 든 사람은 불과 6명. 그리고 다시 물었다.

"그 비전, 꿈을 종이에 적어 둔 사람 손들어 보세요?"

이번 질문에는 두 명이 손들었다. 세계적인 동기부여가인 브라이언 트레이시는 '종이에 적지 않는 꿈은 한낱 희망사항에 불과하다.'라는 말을 했다. 종이에 적어 놓고 그걸 볼 때마다 생기는 열정이 미래의 모습, 꿈의 실현가능성을 높일 수 있다.

그레그 레이드의 '10년 후'중에는 이런 글이 있다.

> 꿈을 날짜와 함께 적어 놓으면 그것은 목표가 되고
> A DREAM written down with a date becomes a GOAL
> 목표를 잘게 나누면 그것은 계획이 되며
> A GOAL broken down becomes a PLAN
> 그 계획을 실행에 옮기면 꿈은 실현되는 것이다.
> A PLAN backed by ACTION makes your dream come true.
>
> -그레그 레이드의 '10년 후' 중에서 (해바라기, 100p) -

언젠가 우리나라 교육의 문제점을 인식하고 선진 교육의 배울 점에 대한 내용을 전달하는 시사프로그램을 본 적이 있다. 방송에서 본 외국학생은 자신의 방의 한쪽 벽에 인생의 꿈을 적은 글을 액자로 걸어 놓았다. 인터뷰를 하고 있는 그 학생의 모습에서 당당함을 볼 수 있었고 분명 잘 해낼 거라는 확신을 느꼈다. 한편으로 나의 학창시절이 아쉽게 느껴졌다. 사실 이런 모습이 필요하고 중요하다는 것은 분명 알고 있다. 문제는 실천이다!

2. 진정 원하는 것은 무엇인가

당당한 자신감과 열정을 갖기 위해 먼저 자신에게 질문을 해보자.

'내가 진정으로 원하는 것이 무엇인가?'

그리고 질문에 몇 가지 답을 적어보자. 하나의 항목별로 '왜 그것을 원하는가?'의 이유도 적어보자. 그러면 그것을 얻기 위해 무언가

해야 할 것들이 생각난다. 원하는 것을 이루기 위해 지금 당장 해야 할 일과 앞으로 해야 할 일을 구분해서 적어보자. 그리고 언제나 당신이 원하는 것을 이뤘을 때를 생각하고 그 꿈을 이뤘을 때 여러분의 마음, 기쁜 기분을 생각하면서 지금 바로 해야 할 일에 적었던 내용을 먼저 하나씩 행동으로 옮길 때 미래는 당신이 원하는 모습으로 변할 수 있다. 코이의 성장의 차이처럼 미래는 지금 생각보다 훨씬 크고 멋진 모습으로 변해 있을 것이다.

꿈이 있을 때 자연스럽게 외부로 표출되는 것은 자신감과 열정이다. 그 모습에는 누가 봐도 느낄 수 있는 당당함이 있다. 자신이 진정으로 갈망하고 이루고 싶은 꿈을 생각해 보자! 그리고 매일 매일 해야 할 일에 대한 실천을 행동으로 옮겨라! 그런 행동은 성공을 위한 습관이 된다.

세계적 베스트셀러인 「성공하는 사람들의 7가지 습관」이라는 책을 보면 작가는 습관에 대해 이렇게 정의했다. '알고 있고 하고 싶은 것이 자연스럽게 외부로 표출되는 것이 습관이다.' 내면의 열정, 간절함은 외부로 자연스럽게 비춰진다. 진정으로 원하는 꿈에 대한 하나하나 행동하는 모습을 통해 성공의 습관을 가져라! 즐거움의 변화도 분명한 목표, 꿈이 있을 때, 더욱 빛날 수 있다.

2009년 많은 사람들을 저녁시간에 TV앞에 모이게 했던 드라마 중에서 '선덕여왕'이 있었다. 역사의 한 부분에 대한 관심과 등장인물의 연기력 등 많은 면에서 정말 볼만한 드라마였다. 개인적으로 '선덕여왕' 중에서 덕만(선덕여왕)이 미실에게 했던 이야기가 자주 생각이 난다. 극중 덕만은 미실에게 이런 말을 한다.

"당신은 황후를 꿈꾸고 있지만 나는 여왕을 꿈꿉니다. 그래서 당신 눈에는 권세만 보이고 내 눈에는 백성들이 보입니다. 당신과 나의 꿈의 크기는 이미 다릅니다. 그래서 당신은 결코 나를 이길 수 없습니다."

많은 사람들은 꿈을 가지라 말한다. 그리고 그 꿈은 가급적 크게 가져라 말한다. 같은 생각으로 이렇게 말하고 싶다. "꿈꾸는 데 돈 달라고 하는 사람은 없다. 큰 꿈을 갖고 배짱과 자신감을 가지고 행동한다면 원하는 것을 이룰 수 있다."

흔히 '포기'는 배추 셀 때만 쓴다는 말처럼 포기하지 않고 그 꿈을 향해 배짱 있게 달려간다면 반드시 꿈은 현실이 될 것이다.

지금 도전하고자 하는 일, 선뜻 나서지 못하고 망설여지는 꿈! 두려워만 말고 도전해보자. 그리고 한 가지 한 가지 알고 있는 것부터 실천해보자.

분명 우리 모두는 어린 시절에 누군가 물어보면 당당히 말했던 꿈이 있었다. 하지만 현실에 맞춰 살아가면서 점점 꿈의 크기는 작아지고 아예 꿈이 없어진 사람들도 있을 것이다.

'이 나이에 무슨 꿈..., 그냥 잘 먹고 잘 살면 되죠 뭐!'

하고 싶은 일, 갖고 싶은 것, 가보고 싶은 곳. 꿈의 세상에서 우리는 모든 것을 해볼 수 있다. 돈이 드는 것도 아니다. 그런 꿈을 갖고 있을 때 삶에 열정과 웃음이 점점 더 생기게 된다.

故 정주영 현대그룹 회장이 젊었을 때 서울 가는 길목에서 큰 강을 만났다. 배를 타고 강을 건너야 하지만 돈이 없어서 나루터에서 종일 망설이다가 저녁 무렵 마지막 배가 떠난다는 소리를 듣고 용기를 내

서 배에 올라탔다. 강을 건너 목적지에 도착할 때쯤 요금을 달라는 사공에게 "죄송합니다. 지금은 돈이 없지만 다음에 꼭 갚겠습니다." 라고 말하는데 순간 사공은 '재수 없다.'는 말과 함께 정주영 회장의 뺨을 사정없이 후려치며 배 밖으로 밀쳐냈다고 한다. 뺨을 얼얼하게 얻어맞은 정주영 회장은 배에서 내리면서 이렇게 말했다.

"이렇게 뺨 얻어맞고 건널 줄 알았다면 아침 일찍 건너는 건데, 괜히 고민만 했네…"

무언가 해야 될 것 같고, 하고 싶을 때 위험요소만 생각하며 망설인다면 항상 제자리에서 맴돌고 있을 것이다. 때로는 시련과 고통도 있을 수 있지만 배짱과 자신감을 갖고 도전한다면 시간이 흐른 뒤 후회보다 큰 보람을 느낄 수 있다.

3. 미래의 일기를 써보세요

우리가 살아가면서 최우선으로 얻고 싶은 것은 무엇일까요?'라는 질문을 던져본다. 행복, 성공, 건강, 윤택하고 편안한 삶, 가정의 행복… 생각해 보자! 모두 꿈이라는 말로 설명할 수 있다. '그래, 내가 그런 꿈을 꾸고 있었지!'

'예전에는 그런 꿈을 꾼 적도 있었는데' 생각이 들기도 하고 어쩌면 "그냥 잘 먹고 잘사는 거죠!"라고 대답할 수도 있다. 이런 사람들은 세상에 대한 불평과 불만을 늘어놓고 있을지도 모른다.

어느 순간부터 우리는 꿈을 잃어간다. 분명 어렸을 때는 누군가가 물어보면 말해줬던 꿈이 있었는데 말이다. 어린 시절에만 우리에게 꿈이 있었던 것은 아니다. 새해를 맞이하면 우리는 작더라도 하나쯤은 새해 목표를 만들어 본다. 하지만 목표를 만들었던 마음은 금방 잊어버리고 언제나 그랬듯이 시간을 의미 없이 보내곤 한다. 우스운 것은 우리는 시간이 지나 연말이 되면 작은 후회와 함께 다가올 새해에 대한 꿈을 또다시 갖게 된다. 이런 모습에서는 변화가 쉽게 생길 수 없다. 알면서도 그게 어렵다.

새해를 맞이할 때 기쁠 수 있는 것은 그 꿈을 이뤘을 한 해를 생각하면서 희망과 기쁨을 갖기 때문이다. 매번 반복적인 모습으로 중간에 힘에 부치고 힘들어 목표를 잊어버렸던 그저 그랬던 과거의 모습이 아닌 정말 새로운 변화를 맞이하기 위해서는 구체적이고 실현가능한 꿈에 대한 적극적 실천이 필요하다.

간절히 원하는 꿈을 이루기 위해 미래의 일기를 써보는 것도 효과적이다. 'OOOO년 O월 O일 날씨 OO'구체적 날짜와 그날의 날씨까지 바로 오늘의 모습처럼 적어보자! 그리고 그날의 모습을 꿈꾸고 상세히 적어보자. 그날 가족의 모습, 가족과 함께 하고 있는 것, 친구들과의 일상, 당신의 옷차림, 심지어 기상 시간 및 아침운동, 반찬까지도...

몇 년 전 TV에 '디비디바비디붑'을 외치던 광고가 있었다. 자신의 생각이 생각대로 이루어지기를 바라는 주문처럼 미래의 일기는 우리의 주문이 될 수 있다. 꿈은 힘든 오늘을 살아가는 삶의 원동력이다. 알고 있지만 실천하지 못했던 그래서 반성하고 후회만 했던 모습이 아닌 구체적이고 명확한 스스로가 꿈꾸는 미래일기를 써보자!

아일랜드 극작가인 버나드 쇼(George Bernard Shaw 1856~1950, 아일랜드의 극작가 겸 소설가이자 비평가. 1925년 노벨 문학상 수상)의 묘비에는 이런 글이 적혀있다.

'우물쭈물 하다가 내 이렇게 될 줄 알았다.'

시간이 흐른 뒤 스스로 자조 섞인 목소리로 이렇게 내뱉기보다는 "그래 그 때 이런 꿈을 갖고 이렇게 노력하고 실천해보니 내 모습이 지금 이렇게 멋지게 변했다"라고 말할 수 있는 자신의 미래를 만들어보자!

세찬 비바람에도 절대 흔들리지 않는 스스로를 지탱하고 진정으로 살아갈 수 있게 하는 힘, 자신의 소중한 꿈을 절대 잃지 말아야 한다. 그래야 삶이 더 즐거워진다.

4. 꾸준한 자기계발이 필요하다

많은 사람들은 성공을 위해서는 현실에 안주해서는 안 된다고 말한다. 세상은 그만큼 빨리 변하기 때문이다. 어제의 유행코드가 더 이상 내일의 유행코드가 될 수 없다. 그래서 기업도 살아남기 위해 미래의 새로운 성장 동력을 찾고자 부단한 노력을 한다. 우리 자신도 미래의 더 큰 행복을 위해 조금씩 변화에 능동적으로 대응할 수 있는 꾸준한 자기계발이 반드시 필요하다. 모든 것에 해당되지 않지만 변화하지 않으면 뒤쳐질 수 있기 때문이다. 변화가 일상인 시대에 과거에만 집착해서는 새로운 환경에서 살아남을 수 없다. 변화무쌍한 미래에 대응하는 꾸준한 자기계발 만큼 멋진 생존전략은 없다.

많이 알고 있는 솔개에 대한 이야기를 해보자. 흔히 우리가 알고 있는 솔개의 수명은 30~40년 정도 된다. 대부분의 솔개는 평균 수명 안에 죽는다. 하지만 평균 수명을 넘어 70년 이상 사는 솔개도 있다고 한다. 평균 수명 이상 살아가는 솔개는 삶에 대한 간절함에 변화를 주도적으로 만들고 시련과 고통을 감내한다. 그래서 더 살 수 있다고 한다. 솔개는 살아가면서 부리가 계속 자란다. 부리가 계속 자라 나중에는 부리의 끝이 휘어지고 휘어진 부리는 먹이를 먹을 수 없을 정도가 된다. 날 수 있고 먹이 사냥을 할 수 있음에도 부리가 휘어 먹지 못한다. 대부분의 솔개는 이런 현실을 받아드리고 배고픔에 굶주려 죽게 된다. 하지만 더 오래 사는 솔개는 아파서 피가 나고 고통스러워도 휘어진 부리를 바위에 부딪쳐 깨뜨리고 먹이를 먹을 수 있는 부리를 다시 얻는다. 힘든 시련과 고통은 있었지만 그래서 더 살아간다.

'계속 이 상태면 안 되는데... 변화에 대처하는 모습을 가져야 하는데... 아~ 귀찮다!'

혹시 이런 생각을 하고 있다면 당신은 조만간 위기를 맞을 수도 있다. 위기의 상황을 겪지 않기 위해서 또 지금 변화의 필요성을 느끼고 있다면 귀찮다는 생각을 버리고 꾸준한 자기계발을 통해 변화를 능동적으로 대처하는 힘을 키워야 한다. 그래야 더 길게 현재의 직업을 유지할 수 있다.

5. 꿈에 우선순위를 정해보자

경영인의 모임이라는 행사에 특강을 하기 위해 지방에 다녀온 적이 있다. 6시 반에 행사를 시작해서 강의는 7시에 진행할 예정이었다. 참석 예정 인원은 100여 명이었지만 7시가 지난 시각에도 참석자는 그리 많지 않았다. 모든 행사가 그렇듯이 어느 정도의 참석인원이 자리를 채우고 있어야 행사가 원활하게 진행이 될 수 있는데 참석인원이 많지 않은 관계로 강의는 한 시간 쯤 지연되고 비로소 절반이 조금 넘는 인원이 도착한 후에 시작되었다. 강의 중간 중간 고개를 숙이고 조용히 들어오는 참석자들의 모습이 보이더니 강의가 끝날 무렵에는 대다수의 참석인원이 자리를 채우고 있었다.

행사가 지연되는 과정에서 음향을 담당하시는 분과 여러 가지 이야기를 나누던 중 그 분이 이런 이야기를 했다. "원래 모든 행사는 한 시간 정도는 늦게 진행되잖아요! 6시 반에 행사를 시작하려면 5시 반에는 행사를 계획하고 통보를 해야 하는데... 그래야 사람들이 시간 맞춰 올 텐데..."

행사에 참석한 사람들은 오늘 스케줄에서 이곳의 저녁모임은 분명 기록돼 있거나 기억하고 있었을 것이다. 그런데 대부분은 시간에 맞춰 도착하지 못했다. 왜 그랬을까? 행사의 중요성이 조금 늦어도 된다는 생각을 갖게 할 수도 있고 갑자기 바쁜 일정이나 만남이 새롭게 생겼을 수도 있다. 아니면 원래 '이런 모임은 조금 늦게 가는 거야'라는 생각도 있었을 것이다.

모임의 면면을 살펴보니 대부분 사업을 하거나 기업의 중간관리자 이상의 분들이었다. 모두 지역사회에서 또 하나의 인연을 만들고 사업과 회사, 개인의 성공을 위해 인맥을 쌓기 위해 모인 분들일 것이다. 폭 넓고 좋은 대인관계는 현대사회를 살아가는 데 있어서 모든 사람에게 매우 중요한 부분이다. 물론 행사에 늦었다고 이곳에서 인간관계가 나빠진다 말할 수 없다. 그럴 일도 없을 테니까.

집으로 돌아오는 차안에서 문득 '계획이 잘 실천되지 않고 대부분 늦춰지는 이유가 무엇일까?'라는 생각을 해봤다. 새해를 맞아 많은 분들은 새로운 계획을 세운다. 그런데 해마다 느끼는 부분이지만 계획은 그저 계획일 뿐인 모습이 많다. 대부분 사교모임에는 조금씩 늦게 도착한다. 선거 때마다 외치는 정치인의 공약은 상당부분 지켜지지 않는다. 왜 그럴까? 아무래도 개개인이 생각하는 우선순위에서 뒤쳐진 부분들일 거란 생각을 해봤다.

대부분 행사가 예정보다 조금 늦게 진행된다는 것을 수없이 봐왔지만 나는 강의의뢰를 받으면 언제나 예정된 시간에 도착할 수밖에 없다. 이유는 간단하다. 늦으면 안 되기 때문이다. 나에게 있어서 그 시간, 가장 우선순위에 그 일이 있다. 같은 이유로 중요한 계약을 앞둔 사람은 약속장소에 결코 늦게 도착하지 않는다. 새벽에 일찍 일어나 움직여야 약속을 맞출 수 있다면 평소보다 수면 시간이 적어도 분명 더 활기찬 아침을 맞이하게 된다.

계획에 우선순위를 정해보자! 그리고 우선순위의 가장 중요한 계획의 달성 기한을 정해놓고 먼저 매진해보자! 계획은 현실이 될 수 있을 것이다. 학창시절 많은 분들이 밤새 공부했던 기억이 있다. 그런데 언제부턴가 우리는 밤새 무슨 일을 한 적이 거의 없다. 당시의 그 간절했던 마음과 열정을 가질 수 있길 바라며.

6. 취업! 먼저 꿈이 있어야 한다

대학에서 학생들에게 취업과 관련하여 강의를 할 때면 꿈과 비전을 강조하는 말을 많이 한다. 취업을 준비하는 구직자에게 목표, 꿈에 중요성을 더 강조하고 싶다. 출강하는 대학에 새 학기가 첫 수업에서 항상 이런 질문을 던진다.

“여러분이 생각하기에 취업에 성공하려면 어떤 것들이 필요할까요?”

질문을 던지면 학생들은 첫날부터 시작될 것 같은 강의에 대한 불만의 눈빛이 가득하다. 조금은 답답한 분위기에 작은 목소리로 한 학생이 대답을 하자 몇몇 학생들의 대답이 이어진다.

“취업을 하기 위해서는 이력서를 잘 써야 합니다.”

“스펙관리를 잘 해야 합니다.”

“면접을 잘 봐야죠!”

“좋은 인맥이 있어야 합니다.”

등등의 대답을 들을 수 있다. 학생들의 대답은 맞는 소리다. 취업을 하는데 있어 위에서 대답한 학생들의 이야기는 정말 중요한 부분이다. 그렇지만 취업을 위해서 그리고 구직활동의 열정과 적극성을 갖기 위해서 먼저 필요한 것이 있다. 바로 내가 어디에 입사하고 싶은지 목적지를 정하는 것이 무엇보다 선행되어야 한다. 어디를 지원할지 정하지 못한 채 막연히 자격증, 학점 등의 스펙관리만 하다보면 맞춤형 취업준비는 될 수 없다. 막연한 준비는 시간을 낭비할 수도 있다. 효율적인 취업준비를 위해서는 먼저 목표를 정하는 것이 무엇보다 선행되어야 한다.

목표가 정해지면 계획을 통해 스펙관리가 이뤄지도록 해야 한다. 원하는 기업의 정보를 수집하는 집중력이 달라진다. 그만큼 경쟁력이 생길 수 있다. 하지만 많은 구직자, 취업준비생들은 그렇지 않다. 나름 촘촘한 그물을 만들고 그 그물에 남들이 보기에 작지 않다고 말할 정도의 물고기 하나만 걸려라 하는 마음이 있는 것 같다. 낚시를 즐겨하시는 분들은 자신이 잡고자 하는 물고기를 잡기위해 미끼나 낚싯대에 변화를 준다. 취업에 있어서도 이런 맞춤형의 전략이 필요하다.

"너희가 취업에 성공하기 위해서 OO 부분들이 반드시 필요하다." 라고 학생들에게 조언을 하면 학생들은 "시간이 없습니다. 지금 준비하는 것도 벅찬데요."라고 말하는 모습을 쉽게 볼 수 있다. 정말 시간이 없을까?

물론 그럴 수도 있겠지만 대부분은 뭘 할지 정하지 못한 상태에서 주변 친구들이 준비하는 것을 따라 준비한다. 뚜렷한 목표 없이 이것저것 취업을 위한 기술적 요소를 준비하다 보니 시간이 없는 것이다. 자신이 정말로 즐겁게 할 수 있는 일, 잘 할 수 있는 일, 하고 싶은 일에 대한 직무, 회사를 먼저 선택한다면 준비에 있어서 효율성은 더욱 높아질 수 있다. 또한 남들과 똑같은 준비를 하고 입사서류나 면접에서 조금 돋보이는 모습으로 취업에 도전하는 모습보다 성취감도 훨씬 높아질 것이다. 무엇보다 시간이 흘러 직장생활의 모습이나 성과도 달라질 수 있다.

단순히 취업을 위한 기술적인 요소를 키우기보다 가고 싶은 기업, 하고 싶은 직무를 먼저 선택하고 기업이 직무가 요구하는 인재의 요건을 파악하고 거기에 맞는 취업 준비를 한다면 성공 확률이 더 높아진다. 스스로의 보람과 가치를 느낄 수 있는 그리고 그런 과정을 누구보다 열정적인 모습으로 집중하기 위해서 가고자 하는 곳에 대한 간절한 목표를 가져야한다.

간절한 마음은 더 큰 열정을 갖게 한다.

당신은 지금 어디를 향해 달려가고 있나요?

더 즐거운 변화를 위한 조언

대부분의 면접에서 자기소개의 시간이 주어진다. 자기소개를 어떻게 하느냐에 따라 질문이 달라질 수 있고 채용 결정에도 중요한 영향을 줄 수 있다. 자기소개를 보다 효과적으로 할 수 있는 방법, 이렇게 해보면 어떨까? 웃음도 줄 수 있고 메시지도 전달할 수 있다. 당신을 바라보는 면접관의 시선이 달라 질 수 있다.

'우표'를 활용해 보면 어떨까? 실제 강의에서 이 이야기를 했더니 모 기업의 면접에서 좋은 평가를 받아 합격한 것 같다는 고마움을 표한 전화를 받은 기억도 있다.

"안녕하십니까? 우표와 같은 남자 OOO입니다. 제가 우표와 같다고 말한 이유는 이렇습니다. 우표는 언제나 편지지에 붙어있습니다. 단순하게 붙어만 있는 것이 아니라 편지가 목적지까지 도착할 수 있도록 해주는 없어서는 안 되는 그런 존재입니다. 저는 이 회사에 우표와 같은 존재가 되고 싶습니다. 회사의 비전에 그리고 그런 비전이 목적지에 도착할 수 있도록 저는 최선을 다 할 것입니다."

'돼지'를 활용해 보면 어떨까? 강의 중에 학생들에게 말해보니 우표보다 훨씬 반응이 좋았다.

"안녕하십니까? '돼지'라고 불리는 남자 OOO입니다. 제가 돼지라고 불리는 이유는 뚱뚱해서, 식탐이 많아서가 아닙니다. 저는 항상 '하면 되지! 해보면 되지!'라는 말을 많이 해서 주변 친구들이 '돼지'라고 부릅니다. 저는 돼지가 세상에서 가장 긍정적인 동물인 것 같습니다. 돼지는 어떤 음식을 줘도 언제나 맛있게 잘 먹습니다. 절대 불평하지 않습니다. 저 역시 회사에서 어떤 직무를 맡기셔도 긍정적으로 일할 준비가 되어있습니다."

사물의 관찰을 통해 멋진 자기소개를 만들어 보자!

* 손가락으로 알아보는 성격테스트

대화에서 즐거움을 찾기 위해 여러 방법들을 사용해 봤을 것이다. 예전에 어떤 분의 강의를 듣고 자주 사용하는 것인데 크게 의미는 부여하지 말고 가볍게 일상에서 활용해 보며 어떨까? 대화에 즐거움이 생길 수 있다.

엄지손가락을 접고 나머지 4개의 손가락으로 엄지손가락을 감싸고 펴고 싶은 손가락을 하나만 펴보자!

새끼손가락을 핀 사람은 남을 잘 보살피고 챙겨주는 분이 많다고 한다. 여자분들 중에는 현모양처 스타일도 많다고 한다.

네 번째 손가락을 핀 사람은 피기도 힘든 만큼 핀 사람도 찾아보기 힘들다. 이런 분들은 천명에 한명 나올까 말까하는 '변태'라고 한다. 물론 웃자고 하는 말이다. 기발한 아이디어가 많은 창의적 인재들이 네 번째 손가락을 핀다고 한다.

가운데 손가락을 핀 사람은 화통하고 화끈해서 대인관계가 좋다고 한다. 화끈하고 화통해서 그런지 이런 분들이 모임에서 밥값, 술값을 잘 낸다고 하니까 모임에서 2차, 3차 가실 때 활용해 보면 좋을 것이다.

검지손가락을 핀 사람은 제일 많다. 피기 편한 만큼 평소 손해 볼 행동을 잘 하지 않는 현실적인 사람이 많다고 한다.

엄지손가락을 핀 사람은 숨어 있는 엄지를 세우는 것만큼 고집이 세고 전형적인 남성형의 성격을 갖고 있다고 한다. 추진력이 좋은 만큼 더러 뒷수습을 잘 하지 못하는 특징이 있다고 한다.

세 번째 변화

긍정적마인드 가 필요하다

1. 긍정적 생각으로 원하는 것들을 외쳐라

경제적 어려움으로 인해"요즘 너무 힘들어요!"라고 말하는 분들을 자주 보게 된다. "불황이라서 그렇다." 말하는 사람도 있지만 불황이라 말하는 상황에서도 분명 일이 잘되는 사람도 있다. 일이 잘되는 분들을 보면 항상 자신감이 있고 표정이 밝고 긍정적이다. 즐거움의 변화를 위해 그리고 성공적 변화를 위해 긍정마인드는 정말 중요하다.

'왜 나만 이렇게 어렵고, 왜 나에게만 이런 시련이 올까?'이렇게 생각해보면 어떨까? '다 내가 감당할 만하니까, 이런 어려움도 오는 거다!'라고 생각해보자!

인도에 선다 싱(1889~1929, 선교사)이라는 사람이 있었다. 눈이 펑펑 내리고 아주 추운 겨울밤에 이웃마을에 가야할 일이 있어서 선다 싱은 친구와 함께 이웃마을을 향해 걸어가고 있었다. 한참을 걸어가는데 갑자기 길에 어떤 사람이 쓰러져 있는 모습을 발견했다.

그냥 놔두면 얼어 죽을 것 같아서 선다 싱은 친구에게 말한다.

"친구야! 이사람 이대로 두면 얼어 죽겠다. 우리가 마을까지 업고 내려가서 살리자!"라고 했더니 친구는 바로 거절해 버린다.

"선다 싱! 안타깝지만 이 추운 날에 이사람 살리려고 업고 가다간 이 추위에 우리 셋 모두 얼어 죽는다. 어쩔 수 없다. 그냥 가자!"라고 말하고 친구는 이웃 마을을 향해 먼저 걸어갔다.

저만치 가고 있는 친구의 뒷모습을 바라보면서 선다 싱은 고민을 하기 시작한다. '그냥 가버리면 이 사람 얼어 죽을 텐데, 어쩌지?' 한참을 고민하던 선다 싱은 다시 친구를 불러보려고 친구의 뒷모습을 바라보는데 그 춥고 깜깜한 밤에 친구의 뒷모습은 점점 더 희미해져 안 보이기 시작했다.

순간 쓰러져있던 사람을 살리려는 마음과 빨리 친구의 뒤를 따라 가야겠다는 마음에 선다 싱은 쓰러져있던 사람을 등에 업고 힘들게 이웃마을을 향해 걸어가기 시작한다.

한참이 지나서 선다 싱이 이웃마을에 도착해보니 놀랍게도 먼저 갔던 친구가 그만 얼어 죽어있는 모습을 발견하게 된다. 하지만 선다 싱은 죽지 않았다. 그 순간 선다 싱은 큰 깨달음을 얻었다고 한다. 그 이후에 선다 싱에게 어떤 사람이 와서 물어본다.

"살아가는 데 있어서 가장 힘든 게 무엇입니까?"

선다 싱은 이렇게 대답합니다.

"삶에 짐이 없을 때가 가장 힘듭니다."

지금 짐이라고 생각하는 것들도 어쩌면 짐이 아니고 나를 키우고 더 강하게 만드는 것일 수 있다. 긍정적으로 역경과 시련을 이겨낸 사람은 그 어려운 순간이 삶의 교훈이 될 수 있고 어려움을 대하는 태도가 다르다.

'왜 이렇게 힘들고 어려울까?'라고 생각하는 모든 것 '다 이겨낼 만하니까 오는 거다! 다 감당할 만하니까 오는 거다!'라고 생각하고 움츠린 어깨를 활짝 펴고 이렇게 말해보자!

"나는 할 수 있다! 나는 성공한다!"

많은 분들이 이런 말을 하는 것이 좋다는 것을 잘 알지만 실천하지는 못한다.

'자신이 간절히 원하는 것을 만 번 외치면 그 말은 현실이 된다.'인디언 격언이 있다. 우리는 만 번은 고사하고 열 번도 하지 않는다.

그 이유는 '나는 할 수 있다.'라는 말을 하면서 생각은 '내가 뭘 할 수 있을까? 지금 앞도 깜깜한데 내가 무엇으로 성공할까?'라는 의구심을 갖기 때문이다. 생각을 바꿔라! '내가 뭘 할 수 있을까?'라는 생각을 하지 말고, '내가 왜 할 수밖에 없는가?'만 생각하고 '지금 앞도 깜깜한데 내가 어떻게 성공할까?'가 아니라 '내가 왜 성공할 수밖에 없는 사람인가?' 이런 생각만 해보자!

성공에 대한 열정과 자신감. 긍정의 에너지에서 더 생긴다. 우리는 '말이 씨가 된다.'라는 말을 많이 듣고 또 많이 사용한다. 그래서 항상 긍정적으로 말해야 한다고 외친다. '말이 씨가 된다.'는 말을 이렇게 표현할 수도 있다.

'말이 입안에 있을 때는 내가 그 말을 다스리고, 말이 입 밖에 있을 때는 그 말이 나를 다스린다.'

원하고 갈망하는 것들을 긍정의 메시지와 함께 자주 소리 내서 내뱉는 습관을 가져라. 그 말이 언젠가 당신에게 현실이 될 수 있다. 중국의 왕양명(1472~1529. 중국 명대(明代)의 철학자)이란 사람은 이런 말을 했다. '산 속의 적 만 명은 잡기 쉬워도 우리 마음속에 있는 적 하나는 잡기 힘들다.' 도전에 대한 두려움! 자신의 마음속의 적! 성공을 위해서 반드시 버려야 한다.

'할 수 있다. 성공한다.'라는 말을 하는 데 주저하지 말고 지금부터 이런 긍정의 메시지를 자꾸 입 밖으로 내뱉는 습관을 갖자. 말이 정말 씨가 될 수 있다. 성공을 위해 가장 중요한 열정이 자연스럽게 생겨난다.

2. 긍정의 생각이 더 필요하다

많은 사람들이 긍정적인 마인드는 행복과 성공을 위한 기본자세라고 말한다. 하지만 우리는 때로 부정적인 생각에 사로잡히며 스트레스와 근심, 걱정에 휩싸인다. 스트레스가 만병의 근원이고 자의건 타의건 간에 너무 많이 쌓이면 우리의 심신을 해친다는 것도 알고 있다. 하지만 너무 많은 부정적 생각들이 우리의 건강을 해치고 표정을 어둡게 한다. 어느 심리학자는 우리가 하루에 5~6만 가지 생각을 한다고 한다. 그런데 문제는 그 생각 중에서 85%는 부정적인 생각이며, 단 15%만이 긍정적인 생각이라는 점이다. 결국 끊임없이 부정적인 생각과 싸우면서 하루하루를 살아가게 된다. 사건과 사물을 바라보는 관점을 더 긍정적으로 해석하려는 노력이 필요하다.

이렇게 생각해 보자! 기분이 안 좋을 때 이렇게 생각하면 금방 잊어버릴 수 있다.

"기분이 안 좋은 순간도 있어! 매번 좋을 순 없겠지!"

또한 어려움에 부딪혔을 때 이렇게 생각해 보자.

"나쁜 결과를 가져오는 경우를 한 가지 더 알게 됐다. 다음에는 조심해야지!"

즐거운 변화를 위해 우리는 15%의 긍정적 생각을 잡아야 한다. 키가 삭지만 하늘에서 재면 더 크다고 해석할 수 있고, 또한 길가에 떨어진 돈을 남들보다 더 빨리 주을 수 있기 때문에 좋다고 말할 수 있어야 한다.

"혀가 짧아 발음이 명확하지 못하고 말을 빨리 하지 못하지만 그래서 거짓말도 잘 못합니다."라고 말할 수도 있다.

결국 긍정과 부정의 차이는 종이 한 장 차이일 뿐이다. 똑같은 스트레스 원인을 놓고 어떤 사람은 천하에 몹쓸 만병의 근원인 스트레스로만 바라보는 사람이 있는가 하는 반면 어떤 사람은 '아이고, 별거 아니다. 웃어버리자!'라고 생각하는 사람도 있다.

어떠한 순간이든지 자신에게 유리하고 긍정적인 말을 먼저 해야 한다. "난 행복합니다. 매일 매일 모든 면에서 점점 더 좋아지고 있습니다." 와 같은 긍정의 말들을 자주하고 그런 말의 힘을 믿어보자!

성공을 위한 3心

세상 모든 사람은 성공을 꿈꾸며 살아간다. 모두가 꿈꾸는 성공에는 세 가지 마음이 필요하다고 말한다. 바로 초심, 열심, 뒷심의 세 가지 마음이다.

먼저 초심은 처음 시작할 때의 마음을 말한다. 구직활동을 할 때의 마음, 창업을 할 때의 마음, 회사에 입사할 때 갖게 되는 마음 등. 우리는 초심을 금방 잃어버린다. '초심을 잃지 마라', '개구리 올챙이 적 생각 못 한다'라는 말을 우리는 일상에서 많이 하기도 하고 또 듣는다. 초심을 유지하자. 그 마음이 성공을 위해 필요하다. 때로는 힘든 시기에 다시 일어설 수 있는 힘을 갖게 한다.

두 번째는 열심이다. 매사에 노력하는 모습으로 최선을 다해야 한다. 처음의 마음을 잃지 않고 새로운 트렌드을 읽기 위해 노력하고 꾸준히 자기 계발할 수 있는 실천이 있다면 모두가 붙잡고 싶어 하는, 언제나 함께 하고 싶은 사람이 될 수 있다.

마지막으로 세 번째의 마음은 뒷심이다. 최선을 다했다고 생각할 때 한 번 더 집중할 수 있는 마음. 그 마음이 큰 변화를 만들어 낸다.

물을 생각해 보자! 물은 100℃에서 끓는다. 100℃의 물과 99℃의 물은 뜨겁기는 비슷하지만 1℃의 온도 변차에서 분명 차이가 있다. 마지막에 집중력을 발휘할 때 최고의 성취감도 맛볼 수 있다. 지금 일상에 어떤 마음이 필요한지 다시 한 번 생각해 보자!

시련을 딛고 일어선 많은 사람들의 사례를 통해 여러분도 '나도 할 수 있다'라는 자신감을 갖자! 맥아더 장군이 인천상륙작전을 감행할 당시 많은 참모들은 반대를 했었다고 한다. 역사상 상륙작전이 성공한 사례가 한 번 밖에 없었기 때문이다. 하지만 맥아더 장군은 이렇게 말했다. "단 한 번이라도 성공한 사례가 있다면 나도 할 수 있다." 그리고 작전은 성공했다.

더 즐거운 변화를 위한 유머 1

오바마라는 삼행시가 있다.

오 : 오늘부터 당신과 내가

바 : 바라는 모든 것이

마 : 마음먹은 그대로 이뤄지길 기원합니다.

더 즐거운 변화를 위한 유머 2

1. 사시로 고생하던 사람이 큰 건물의 경비대장으로 지원했습니다. 면접관은 물었다.

"당신은 사시인 것 같은데 어떻게 경비대장에 지원했습니까? 경비를 보는 것 자체가 힘든 거 아닌가요?"

그러자 사시인 지원자는 이렇게 대답한다.

"그렇지 않습니다. 제가 사시이기 때문에 제가 경비대장에 적격입니다. 도둑은 제가 어디를 보는지 알 수 없기 때문입니다."

2. 대머리인 사람이 발모제 회사에 지원하자 면접관은 묻는다.

"대머리인 사람이 어떻게 발모제 회사에 지원했습니까?"

대머리인 지원자는 대답한다.

"제 친구는 가슴이 없는데 최고의 브래지어 판매원이 됐습니다."

3. 태조 이성계는 무학대사를 보면서

"대사는 꼭 돼지같이 생겼소이다." 그러자 무학대사가 말한다.

"전하는 꼭 부처 같습니다. 부처 눈에는 부처만 보이고 돼지 눈에는 돼지만 보이는 법이니까요."

네 번째 변화

행동이 필요하다

1. 먼저 행동해야 한다

인터넷문화가 빠르게 확산되면서 우리는 굉장히 많은 정보를 언제라도 쉽게 얻을 수 있게 되었다. 즐거움의 변화로 더 많은 사람들이 행복감과 성취감을 갖길 바라는 마음과 그 동안 해왔던 강의 내용을 정리하는 등의 이유로 글을 쓰고 강연을 하고 있지만 사실 대부분의 내용은 이미 많은 분들이 알고 있고 또 언제라도 인터넷이나 책들을 통해 찾아 볼 수 있는 내용들이다. 정말 중요한 것은 알고 있는 것이 아니다. 알고 있는 것을 한 가지 한 가지 실천하는 것이 무엇보다 중요하다. 알고 있는 것을 실천하는 사람이 진정 변화를 이끌고 주도적인 변화를 만든다.

인도의 정신적 지도자인 간디의 일화 중에 이런 이야기가 있다. 한 어머니가 아들을 데리고 간디에게 이런 부탁을 한다.

"선생님 제 아들이 사탕을 너무 좋아합니다. 사탕을 너무 많이 먹어서 이제는 이가 다 썩게 생겼습니다. 아무리 제가 사탕을 먹지 말라 해도 제 말은 듣지 않습니다. 제 아들이 선생님을 가장 존경합니다. 선생님이 사탕을 먹지 말라 말해주시면 제 아들은 분명 사탕을 먹지 않을 것입니다. 선생님 제발 제 아들에게 사탕을 그만 먹으라고 말 좀 해주세요! 선생님 말이라면 분명 아들이 들을 것입니다. 부탁드립니다."

어머니의 부탁을 들은 간디는 이렇게 대답한다.

"알겠습니다. 어머님! 대신 내일 다시 와 주세요!"

오늘도 먼 길을 왔는데 내일 다시 오라는 간디의 말에 어머니는 당황하며 퉁명스럽게 다시 묻는다.

"왜 내일입니까? 짧은 말이니 제발 지금 해주세요! 부탁드립니다."

간디는 다시 이렇게 말한다.

"죄송합니다. 그 이유도 내일 말씀드리겠습니다."

할 수 없이 어머니는 아들을 데리고 돌아갔다가 다음 날 다시 아들과 함께 간디를 찾았다. 퉁명스런 표정으로 집안으로 걸어 들어오는 어머니와 아들을 본 간디는 아이 앞에 달려가 무릎을 꿇고 말한다.

"얘야! 사탕이 맛있다고 너무 많이 먹으면 이가 다 썩어 버린단다. 그리고 이가 다 썩어버리면 다음에 정말 맛있는 음식을 보고도 먹지 못할 수 있단다. 이제라도 사탕을 그만 먹는 게 좋겠구나!"충고도 하고 아이의 미래의 축복을 빌어준다.

세상에서 가장 존경하는 간디의 충고와 축복을 빌어주는 말을 들은 아이는 선뜻 "알겠습니다. 선생님! 다시는 사탕을 먹지 않겠습니다."라고 약속을 한다.

그러자 아이의 약속을 들은 어머니는 간디에게 따지듯 물었다.

"이 정도의 이야기는 어제도 해주실 수 있었을 텐데 왜 오늘 다시 오라 했습니까?"

간디는 말한다. "어머님! 제가 어제 사탕을 먹고 있었습니다."

어느 책에서 봤던 이 이야기는 내용을 조금 바꿔서 자주 활용하는 이야기이다. 자신에게 사탕을 먹지 말라 충고 해주는 가장 존경하는 간디의 입 안에 사탕을 본다면 아이는 분명 그 충고를 받아들이지 않았을 것이다. 더불어 존경하는 사람에 대한 시선과 느낌이 달라질 수밖에 없다.

먼저 행동할 때 다른 사람에게도 변화를 이끌어 낼 수 있는 존경받는 리더가 될 수 있다. 가족에게 "제발 웃으며 살자!"라고 말하는 사람, 직원에게 "제발 웃으며 일하자!"라고 말하는 사람, 그 말을 하고 있는 자신의 표정은 어떨까 생각해보자!

나도 많이 부족한 사람이다. 그래서 이런 글을 쓰는 게 부끄러울 때가 너무 많아서 매우 조심스럽다. 경청에 대한 이야기를 할 때면 대화에서 경청하려 노력 해본다. 잘 안 될 때가 많다. 그래서 다음에 더 노력해본다. 그러다가 어느 순간 또 잊어버리고 강의를 할 때 마음속으로 자책한다. 부끄럽다. 그래서 경청하는 모습을 또 연출해 본다. 많이 부족한 사람이 한 번 더 이야기해본다. "알고 있는 것에 대해 한 가지 한 가지 먼저 행동하는 모습을 통해 성공의 변화를 스스로 이끌어 내야합니다."

2. 할 수 있다

예전에 「긍정력 사전」의 저자인 최규상씨가 보내준 메일에 TV에서 봤던 광고문구와 함께 좋은 메시지가 있었다.

'生之畜之 生而不有(생지축지 생이불유)'

TV에서 기업광고로 봤던 문구다. TV를 보면서 광고가 특이하고 무언가 메시지를 전달하는 것 같아 그냥 조금은 색다른 광고 정도로 생각하고 있었다.

'生之畜之 生而不有(생지축지 생이불유)'는 노자의 도덕경에 나오는 말로 "낳고 기르되 소유하지 않는다."라는 뜻이라면서 최규상씨는 중국의 한 전설적인 장기고수의 이야기를 했다.

무려 50년 동안이나 최고의 장기고수가 있었는데 그는 자신의 비결을 이렇게 말했다고 한다. "누군가를 이기고 나면 남들에게 다 알려준다. 그럼 사람들은 그것을 배우기 위해서 1년을 투자한다. 나는 그 시간에 새로운 묘수를 생각해낸다."

소유하지 않으니 마음이 자유롭고, 마음이 자유로우니 더 많은 것을 가질 수 있다며 '웃음으로 그런 마음을 나누자!'라는 메시지였다.

좋은 내용에 감사한 마음을 갖고 '강사, 가장, 남편, 아빠로 이 내용을 어떻게 활용해야할까?' 잠시 사색의 시간을 가진 뒤 '그 광고의 다른 문구는 무엇이 있었나?'생각이 들어 인터넷으로 검색을 해봤다. 그러다 눈에 띄는 문구를 보았다.

'國無常强 無常弱(국무상강 무상약)'

무언가 머리를 쾅하고 때리는 것 같은 느낌이 들어서 문구와 함께 풀이를 보았다. "영원히 강한 나라도, 영원히 약한 나라도 없다." 알고 계신 분들은 분명 일상에서 주변 분들에게 덕담으로도 많이 사용했을 것이다.

'영원히 강한 나라도 없고,'

사업이 잘 되고 있을 때, 좋은 자리에 있다 해서 자만하지 않아야 한다. 흔히 우리는 '잘 나간다!'라는 말을 쓴다. 잘 나갈 때 조금 더 겸손하고 주변사람의 말에 경청할 수 있다면 주변의 좋은 인간관계로 인해 분명 더 좋은 모습을 갖게 된다.

그리고 '영원히 약한 나라도 없다!'라는 말처럼 지금 조금 힘들어도 그 어려움이 영원하지 않는다. 분명 꿈꾸고 기대하는 좋은 날이 찾아 올 것이다. 인생의 굴곡에 대해 말할 때 '힘든 시기의 바닥을 치면 올라갈 일만 남았다.'라고 주변사람을 격려할 때 했던 말처럼 '이제는 정말 올라갈 날만 남았다'라는 자신감과 함께 긍정의 씨앗을 마음속에 뿌려야 한다.

'할 수 없다!'의 씨앗을 마음 밭에 뿌려버리면 '할 수 있다!'의 씨앗은 그 밭에서 자라날 수 없다. 어떤 일이든지 '할 수 있다'라는 믿음의 씨앗을 먼저 뿌려야 한다. '올해는 모든 일이 잘 될거야!', '문제없어!'라는 긍정의 씨앗이 지금 이 순간 무엇보다 필요하다. 마음속에 겸손함과 '할 수 있다'는 자신감을 갖자.

최근 청년인턴, 해고실업자 등 취업의 어려움을 겪고 있는 사람들을 자주 만난다. 하나같이 '왜 나에게 이런 시련이 올까?'라고 생각하고 힘겨움을 애써 웃음으로 넘기려 하지만 얼굴표정에서 원망과 스트레스가 느껴진다. 그럴 때마다 항상 '힘내시고 자신감 잃지 마세요. 분명 좋아질 겁니다.'라고 말하지만 큰 위로가 되진 않는다.

힘든 시절이 있으면 점점 좋아지는 시절도 반드시 찾아오기 마련이다. 시련의 시기를 이겨내고 멋진 인생을 살아간 많은 사람의 일화를 통해 오늘은 자신감과 웃음을 찾길 기원해 본다.

할리우드에서 유명배우로 알려져 있는 해리슨 포드는 배우를 해서 돈을 벌 수 있게 되기까지 얼마나 걸렸느냐는 기자의 질문에 이렇게 대답했다.

"나는 15년 동안 생활비를 벌지 못했어요."

'노인과 바다'로 잘 알려진 헤밍웨이도 심각한 알코올 중독 문제가 있었고, 네 번의 결혼생활이 있었다. 그는 '나는 잠을 자고 싶지 않았다. 왜냐하면 혹시라도 내가 어둠 속에서 눈을 감고 잠들게 되면 내 영혼이 육체를 빠져나갈 것 같은 생각이 엄습해서였다.'라고 말하며 항상 방안에 불을 켜 놓거나 술을 마셔야만 잠을 이룰 수 있었다고 한다.

아인슈타인이 공대에 불합격했던 일이나 충무공 이순신 장군이 무과 시험에 두 번이나 낙방했던 일도 있다. 누구에게나 시련은 있다. 시련을 딛고 일어설 때 인생은 훨씬 멋있게 변한다. 힘들다고 움츠러들지만 말고 어깨도 활짝 펴보자. 분명 미래는 훨씬 좋아진다.

3. 스스로 빛을 내는 행동을 하자

'참 시간 빨리 간다.'라고 생각하는 사람들이 많을 것이다. 삶을 살아가면서 수도 없이 느끼는 이 마음이 우리의 모든 배움에도 통용되지 않을까 생각해 본다. "그거 어느 세월에 하냐? 그냥 살지 뭐!" 하면서도 어느 순간 뒤돌아 생각해보면 금방 지나갔던 시간들... 누구나 살아온 인생길만큼 이런 생각의 경험치도 정비례 한다. 처음에는 너무 어렵고 멀게만 느꼈던 것이 '그 때부터 제대로 실천했으면 지금쯤 많이 달라졌을 텐데...' 하면서 후회한다. 다시 시간이 흘러 이런 생각을 또 할 것 같다면 지금부터 스스로의 빛을 보일 수 있는 작은 노력을 해보면 어떨까?

觀光(관광)이란 말 자주 들을 수 있다. 관광(觀光)은 '빛을 본다'라는 뜻을 갖고 있다. 그런데 관광이 원래 觀國之光(관국지광)에서 유래됐다.

'나라의 빛을 보다.'

이런 생각을 해본다. 스스로를 빛나게 하고 많은 사람들이 그 빛을 통해 호감을 느끼며 좋은 인관관계를 만들 수 있는 것이 또 다른 관광이 아닐까?

스스로 빛을 발산하기 위해서 '와!'라는 감탄사를 사용해보자! 언어적인 전달요소만 생각하는 조용한 인사보다 인사를 하실 때 '와'라는 감탄사를 넣어 보자! "와! 안녕하세요!" "와! 돈 복 있어보이세요!" 바로 옆에 있는 사람에게 활용해 보자!

상대방을 기분 좋게 하는 밝은 표정의 미소를 만들자! 사람의 얼굴에는 거울의 효과가 있다. 내 얼굴의 거울은 나를 바라보고 있는 사람의 얼굴에 자연스럽게 나타난다. 가족과의 다툼에서 "제발 그만 싸우고 웃으면서 즐겁고 행복하게 살자!"라고 말하는 사람들의 얼굴을 생각해 보자. 짜증 섞인 그리고 일그러진 표정이다. 그 표정을 보면서 상대는 이런 생각을 할 수 도 있다. '너부터 웃어! 지금 표정이 뭐냐?'말보다 먼저 웃는 행동이 필요했다. 주변사람의 얼굴에서 편안하게 웃는 미소가 보고 싶다면 먼저 밝은 표정을 만들어야 한다. 거울속의 내 표정이 웃으려면 내가 웃어야 하는 것처럼. 자신에게 '와'

라는 감탄사를 보내자! "와! 나 멋진데!"

자신의 이야기를 적극적으로 들어주는 사람에게 우리는 무한한 신뢰를 보낸다. 경청과 더불어 반응 보이기가 굉장히 중요하다. 반응을 보일 때도 '와!'라는 감탄사를 사용해 보자! "와! 정말? 와! 대단한데!" 상대가 누구든 여러분의 빛을 그 사람은 잊지 못할 것이다.

줄탁동시(啐啄同時)라는 말이 있다. 병아리가 껍질을 깨트리고 세상 밖으로 나올 때를 나타내는 사자성어로 병아리가 알의 안에서 한쪽 벽면을 두드리면 어미닭이 밖에서 그 두드리는 부분을 쪼아주는 것이 동시에 이뤄질 때 껍질을 깨트리고 세상 밖으로 나올 수 있다는 뜻을 담고 있다. 스스로 빛을 보이기 위해 몇 가지 이야기했다. 중요한 것은 지금까지 이야기에 공감을 한다면 '내일부터 실천해 봐야겠다!'해서는 안 된다. 내일부터, 또 내일! 내일부터 해야지! 미뤄왔던 과거의 일상이 아닌 바로 지금부터 알고 있는 것을 실천하는 모습을 통해 스스로 빛을 보여야 한다. 강의 중 즐거움을 위해 줄탁동시(啐啄同時)를 이야기 할 때면 이런 말도 해본다.

"병아리가 들어있는 닭 알! 스스로 깨면 뭐가 될까요?"

"그 닭 알! 남이 깨면 뭐가 될까요?"

스스로 깨면 '병아리'가 된다. 더 큰 닭으로 성장의 가능성이 열린다. 남이 깨면 그 순간 끝나버리는 '계란후라이'가 된다. 다른 사람에 의해 깨지고 깨졌던 순간만 변했던 과거의 모습이 아닌 스스로 더 멋진 변화를 주도적으로 찾을 수 있는 행동들. 지금 바로 실천하자! 사람들은 당신의 빛을 본다.

4. 최선을 다하고 결과를 즐기자

1등에 연연하지 않고 항상 자신의 위치에서 최선을 다하며 결과를 즐길 수 있는 사람이 많아졌다. 예전에 개그프로그램에서 한 개그맨이 “1등만 기억하는 더러운 세상!”이라는 말을 했었다. 방송을 보고 많은 사람들이 최고만 인정하는 우리사회의 한 단면을 씁쓸하게 공감하면서도 한편으로 큰 웃음을 지었다. 최선을 다했지만 1등을 하지 못해서 울어야만 했고, 1등이 되기 위해 때로는 정당하지 못했던 행동을 해야만 했었던 일, 조금은 비겁했던 마음, 생각, 그리고 반성들...

1등에 연연하는 사람들은 항상 무언가에 쫓기는 듯 불안한 얼굴 표정을 갖고 있다. 때로는 그런 모습으로 인해 주변 사람들과 벽을 만들기도 한다. 1등이 아니라도 자신의 일에 최선을 다해 스스로 만족하고 자기 보상을 해줄 수 있다면 시간이 지나 더 큰 자신을 만들 수 있다.

올림픽이나 월드컵 경기를 볼 때면 항상 느끼는 것이 있다. 감동적인 경기와 최선을 다하는 국가대표 선수들의 모습을 보면서 박수치며 즐거워하고 때로는 눈물을 흘리며 감동스러워 한다. 시상식에서 애국가가 울려 퍼지는 동안 우리는 그들과 같은 대한민국 국민이라는 사실에 감사하며 함께 눈물을 흘린다.

벤쿠버 동계올림픽 쇼트트랙 남자 대표팀의 시상식 모습은 강렬한 인상을 주었다. 남자계주 5000m경기 후 아쉽게 2등을 한 남자대표팀은 시상식 무대에서 모 여성그룹 가수의 춤을 추면서 성적에 만족하고 시상식을 즐기는 모습이 과거와 많이 다른 모습이었기 때문이다. 과거 은메달을 딴 선수들은 무언가 죄지은 사람처럼 고개를 숙이고 슬퍼하는 모습을 보였다. 그들도 분명 세계 최고 수준의 선수들인데도 우리는 그런 모습이 당연하다 생각했었다. 하지만 그 모습은 분명 달랐다. 최선을 다하고 결과를 즐기는 선수들을 보면서 축하하고 박수를 보냈다.

하계올림픽 사격에서 은메달을 따고 시상식에서 환한 미소를 보였던 강초연 선수가 있었다. 은메달리스트의 밝은 미소에 많은 국민들이 더욱 환호했고 그 선수는 당시 굉장한 신드롬을 만들었다. 우리는 1등이 아니어도 최선을 다한 선수에게 박수를 보내고 열광했었다.

집안에서 일터에서 학교에서 최고가 아니라서 기를 펴지 못했다면 이제는 자신에게 기를 펼 수 있는 말을 해보자!

'와! 이 정도면 굉장한 거야!'
'다음엔 더 잘 할 수 있어!'
'나는 분명 할 수 있다.'

벤쿠버 동계올림픽 스피드스케이팅 남자 500m에서 금메달을 딴 모태범 선수는 많은 인터뷰에서 "무관심이 오히려 금메달을 딸 수 있게 해줬습니다."라고 말했다. 유망주로 기대 받지 못한 것이 서러워 더욱 열심히 훈련에 매진했고 최선을 다해 경기에 임했더니 금메달을 따게 되었다고 말했다.

비록 지금은 가족, 동료, 친구들의 관심을 받지 못해도 포기하지 말고 현재에 최선을 다하자. 혹 결과가 예상과 다르더라도 최선을 다한 자신을 인정하고 보상하는 말을 한다면 분명 시간이 흐른 뒤 더 큰 자신을 발견할 수 있다.

✻ 재미있는 질문

지금 바로 옆에 있는 사람에게 '거북이'5번을 말해보라고 해보자. 그리고 질문해라. "세종대왕이 만든 것이 무엇일까요?"

정답은 '한글'이지만 '거북선'이라 대답하는 사람이 있다.

그래서 웃을 수 있다.

이번에는 '캠퍼스'를 5번 외쳐보라 해보자!

그리고 "각도 잴 때 쓰는 것이 뭘까요?"물어보면

아마도 "콤파스"라고 대답할 것이다. 정답은 '각도기'

'난쟁이'를 5번 외쳐보라 해보자!

이번에는 "신데렐라에 나오는 난쟁이 수는 몇입니까?"물어보면

"7명!"이라는 답을 듣기 쉽다.

정답은 신데렐라에는 난쟁이가 나오지 않는다.

마지막으로 어려운 문제라는 말을 하고 '오렌지'를 5번 말해보라 주문하자. 어려운 문제인 만큼 맞추고자하는 의욕이 넘칠 것이다. 그리고 물어보자.

"백설 공주가 뭘 먹고 죽었습니까?"

그러면 "사과!"라는 대부분 말한다.

백설 공주는 죽지 않았다. 동화의 주인공은 쉽게 죽지 않는다.

다섯 번째 변화

사람이 즐거워야 한다

1. 미소가 그려지는 사람이 되자

많은 사람들이 연말이 되면 한해를 뒤돌아보며 생각하듯 해마다 마지막 강의를 마치면 아쉬움에 또 미안함에 이런 저런 많은 생각을 하게 된다. '나는 강의를 들어준 많은 사람들에게 어떤 강사였을까?', '내가 전달하는 메시지가 그 분들의 삶에 도움이 됐을까?, '올해 정말 했어야 했는데 못했던 일은 무엇인가?' 이런 저런 생각을 하다가 계획했던 많은 일들 중 이루지 못한 일에 대한 반성과 직업에 대한 깊은 사색에 빠지기도 한다.

강의의 마지막에 오광수 씨의 '내가 이런 사람이라면'이라는 시를 읽어드리고 강의를 마칠 때가 있다. 매번 시를 읽을 때 정말 이런 사람이기를 기원해본다.

내가 이런 사람이라면

오 광 수

나를 생각하면 누구든지 먼저 미소가

떠오른다면 얼마나 좋을까요?
나로 하여금 기분 좋은 하루가 되고
나로 하여금 따뜻한 생각이 들고
나로 하여금 믿음이 간다면
나는 정말 사는 보람을 느낄 겁니다.

나의 정성어린 말 한 마디가
좋은 기억으로 남게 되고
나의 작은 친절함이
좋은 추억으로 간직되어
나를 만나는 사람마다
이런 미소를 짓게 한다면 참 좋을 겁니다.

주변 사람들이 나를 생각할 때 먼저 미소가 그려진다면 얼마나 좋을까? 내가 지금 옆에 없어서 미소가 생기는 것이 아닌 나와 함께했던 좋은 추억과 기억으로 나를 생각할 때마다 미소가 그려진다면 정말 행복한 사람이 아닐까? 가족이나 직장동료, 친구의 얼굴에 미소를 보고 싶다면 먼저 자신의 얼굴에 미소를 더 만들어야 한다.

하루를 시작하면서 나로 인해 주변 사람이 기분 좋은 하루가 시작되고 나를 보면서 따뜻한 생각이 든다면, 그리고 나에게 많은 사람들이 믿음을 갖고 있다면 정말 좋겠다. 기분 좋은 하루는 밝은 표정과 밝은 목소리의 인사에서 시작된다. 마음의 따뜻함, 믿음은 주변 사람들을 배려하고 더 경청해주는 실천을 통해 만들어보자. 여기저기 많은 모임에서 자신의 이야기를 조금만 자제하고 조금 더 상대의 이야기에 귀 기울이는 모습이 필요하다.

관심과 애정이 느껴지는 칭찬은 모두에게 좋은 기억을 남기게 된다. 일상을 뒤돌아보며 가족과 동료의 노력에 칭찬과 박수를 보내자. 일상의 더 즐거운 변화는 상대가 만들어주기를 기다리기보다 먼저 다가가는 것이 필요하다.

더 즐거운 일상을 위한 가위, 바위, 보 게임

우리가 흔히 알고 있는 가위, 바위, 보 게임은 기가 센 사람이 쉽게 이긴다고 해서 목소리가 큰 사람이 이기는 모습을 쉽게 볼 수 있다. 지금 옆에 누군가가 있다면 한 번 해보자! 이기면 그냥 기분 좋아진다. 우리가 아는 가위, 바위, 보 게임은 대부분 여기까지다. 조금 더 재밌게 할 수 있는 가위, 바위, 보게임이 있다. 합산점수를 먼저 말하는 사람이 이기는 게임인데, 머리가 좋아야 이길 수 있다.

가위는 2점, 보는 5점, 주먹은 0점이다. 상대와 가위, 바위, 보를 해서 이기고, 지고, 무승부가 나와도 문제될 게 없다. 합산 점수를 먼저 말하는 사람이 이긴다. 자존심을 걸고 하는 사람들도 있겠지만, 좀 더 웃을 수 있는 게임이다. 배우자, 자녀, 친구, 동료와 함께 해보자! 사람이 많으면 합산도 쉽지 않아 순간 정적이 흐르는 모습을 쉽게 볼 수 있다. 웃으며 함께 하는 게임은 친밀감을 더 쉽게 느끼게 한다.

이번에는 거꾸로 말하는 가위, 바위, 보게임이다. 이긴 사람은 '졌다!'라는 말을 먼저 해야 이기고, 진 사람은 '이겼다!'라는 말을 먼저 해야 이긴다. 생각처럼 쉽지 않아 머리가 아플 수 있지만 얼굴은 웃고 있다. 더 즐거움의 변화! 일상에서 가벼운 가위, 바위, 보게임에서도 찾아 볼 수 있다.

2. 치어리더(cheerleader)가 되자

야구장이나 축구장, 농구장 등 경기장에 가보면 자신의 팀을 응원하고 팬들의 기분까지 좋게 하는 치어리더(cheerleader)가 있다. 치어리더는 말 그대로 응원해주는 리더다. 같은 편에게 기운을 북돋아주고 격려해주는 정말 중요한 사람이다. 주변 사람들을 격려하고 기운을 불어넣어 주며 진심으로 응원하는 치어리더(cheerleader)의 모습에 대해 이야기해보자.

리더십 강의를 하다가 청중들에게 가끔 이런 질문을 해본다. "여러분은 어떤 리더인가요?" 질문이 던져지는 순간 청중들의 시선에서는 '무슨 의미로 물어봤을까?'라는 고민하는 모습이 보인다. 그래서 이어서 또 물어본다.

"여러분이 없을 때 여러분의 주위 사람들은 여러분을 애타게 찾을까요? 아니면 지금 여러분이 옆에 없어서 기분이 좋아질까요?"

누구나 전자처럼 되길 희망하지만 모두 다 그렇지는 않을 것이다. 당신이 없을 때 애타게 찾는 사람이 많다면 당신은 분명 주변 사람들에게 없어서는 안 될 치어리더(cheerleader) 같은 존재이다. 반대로 당신이 없을 때 주변 사람들이 그 상황을 좋아하고 당신이 계속 없기를 희망한다면 개인적으론 굉장히 슬픈 일이 될 것이고 치어리더(cheerleader)라고 말할 수 없다. 강의를 하면서 치어리더(cheerleader)의 반대는 '치워~리더!'라고 외쳐본다.

우리는 결코 '치워리더'가 되어서는 안 된다. 주변 사람들이 언제나 함께하고 싶은 치어리더(cheerleader)가 되어야한다. 지금 당신은 주변 사람들에게 '치어리더(cheerleader)'인가? 아니면 '치워

리더'인가?

초등학생들에게 '가장 좋아하는 사람이 누구냐?'라고 물으면 많은 아이들은 연예인의 이름을 외친다. 왜 그럴까? 가까이에 매일같이 함께하는 부모님도 있고 선생님도 있는데도 말이다. 여러 가지 이유가 있겠지만 분명한 것은 아이들이 좋아하는 사람들은 자신에게 큰 기쁨과 즐거움을 준다. 자신이 좋아하는 연예인이 방송에 나오면 밥을 먹다말고 방송을 쳐다보게 되고 그 사람의 노래를 흥얼거리며 얼굴에는 미소가 가득 담겨져 있다. 좋아하는 연예인은 분명 그 아이에게 치어리더(cheerleader)가 아닐까 생각해본다.

바라만 봐도 좋은 사람, 늘 함께하고 싶은 사람, 그 사람의 모든 것이 좋은 사람... 어떻게 하면 내 가족, 친구, 동료에게 그런 사람이 될 수 있을까?

먼저 주변 사람에게 재미를 줄 수 있어야 한다. 나이, 성별, 직업 등 여러 요소에서 재미는 다양하게 해석될 수 있겠지만 그냥 보통의 재미를 줄 수 있어도 무방하다. 당신과 함께 할 때 주변 사람들이 모임이나 대화의 재미를 느낄 수 있다면 당신은 언제나 환영받을 수 있기 때문이다.

유머나 칭찬이 방법이 될 수 있고 경청하는 모습도 될 수 있다. 때론 솔선수범하는 모습에서도 느낄 수 있다. 보고 싶었던 가족과 친구들을 만날 수 있는 시간에 바로 실천해 보면 여러분과 함께하는 시간이 기다려지는 사람들이 생기지 않을까?

치어리더(cheerleader)가 되는 또 다른 노력은 주변 사람들에게 신뢰를 줘야 한다. 아이들도 도박, 마약, 폭행 등의 사건에 연루되는 연예인에게 신뢰를 잃고 금방 등을 돌려버린다. 상처를 받고 마음을 닫아버린다. 그리고 닫힌 마음은 다시 그 사람에게 쉽게 열리지 않는다. 스스로가 절제하는 노력, 그리고 상대를 배려하는 마음이 지속될 때 신뢰가 쌓인다. 옆에 있어서 든든하고 의지할 수 있고 그래서 언제나 많은 것을 함께 하고 싶은 치어리더(cheerleader), 때론 없을 때 그리워지는 치어리더(cheerleader)가 될 수 있다.

가족에게 조금 더 배려하는 마음이 필요하다. 서로에게 상처 주는 말은 삼가고 더 들어주려 노력할 때 항상 함께하고 싶고 언제나 기분 좋은 치어리더(cheerleader)가 된다.

3. 밝은 표정으로 인사하자

우리는 깨어있는 시간의 75%를 커뮤니케이션 한다. 아침에 잠에서 깨어나면서 잠들 때까지 가까이에는 가족부터 친구, 직장동료 등 많은 사람들과 커뮤니케이션 한다. 집을 나서면서 들어오기까지 우리는 무수히 많은 사람을 만난다. 많은 사람과의 만남에서 좋은 대인관계는 즐거운 변화를 위해 반드시 필요한 요소이다. 사람이 즐거운 그런 즐거운 일상의 변화를 위해 먼저 인사부터 이야기 해보자.

인사만 잘해도 우리는 좋은 첫인상을 남길 수 있다. 하지만 '매일, 매번 하는 인사에 특별한 것이 있을까?'라고 많이들 생각하겠지만 인사에는 특별한 그 무엇이 있다.

강의를 하다가 종종 옆 사람과 인사를 나눠보라고 청중에게 주문을 할 때가 있다. 그러면 대다수의 사람들은 멋쩍은 표정으로 "안녕하세요!"라고 그냥 인사한다. 여기서 기다렸다는 듯이 하는 말이 있다. 누구나 인사를 할 때 "안녕하세요!"라는 말을 하면서 '표정은 밝게, 말도 밝은 톤으로 하면 좋다.'라는 것을 알고 있다. 하지만 인사할 때를 보면, 무표정한 사람들이 더 많다. 또 말은 끝이 희미하게 기어들어가듯 인사를 나눈다. '밝은 표정, 밝은 목소리로 내가 먼저 인사해야 된다.'는 것을 알지만 실천하지 못한다.

이렇게 해보면 어떨까? 어깨를 들썩이면서 "어이구! 반갑습니다!"

손까지 잡아주며 인사를 나눠보자! 즐거움이 시작되고 대화는 즐겁다.

최근 경제적 어려움으로 많은 분들이 무표정하거나 찌푸린 인상을 하는 모습을 자주 본다. 우리는 일상에서 주변사람들의 무표정한 모습, 힘들어 하는 모습을 보면 배려하고 걱정하는 마음으로 이렇게 인사를 한다.

"무슨 일 있어요? 얼굴 표정이 안 좋습니다."

언뜻 상대를 위하는 말 같지만 이런 말을 자주 듣는 사람은 마음이 더 불편해진다고 한다. 무표정하거나 힘들어 하는 표정의 주변 사람을 만날 때 선의의 거짓말을 동원해 인사를 해보면 어떨까?

"얼굴표정 참 좋습니다. 뭐 좋은 일 있으세요?"라고 인사해보자. 듣는 순간 "제 얼굴 표정이 좋습니까?"하면서 미소를 보일 수 있다. 상대방은 '왠지 이 사람을 만나면 기분이 좋아지고, 즐거운 에너지를 받는다.'고 생각할 수 있다.

인사를 나눌 때 우리는 '악수'라는 스킨십을 할 때가 있다. '악수'에도 방법이 있다. 지금 바로 옆에 누군가가 있다면 그 사람과 악수를 한 번 해보자! 악수를 할 때 손가락에 힘을 주고 상대의 손을 잡는지, 아니면 살짝 손만 걸치는지 생각해보자. 많은 사람들은 손만 살짝 걸치는 정도에서 악수를 한다.

사람은 무언가 손에 좋은 것이 들어올 때 손가락에 힘이 들어간다. 강의 중에는 우스갯소리로 "고스톱 칠 때 쉽게 느낄 수 있습니다. 좋은 패가 들어오면 손가락에 힘이 들어가죠?"라는 말도 해본다. 귀한 것, 좋은 것이 손에 들어오면 자연스럽게 우리의 손가락에는 힘이 들어간다. 예를 들어 오른손에 백만 원짜리 수표를 들고 있다고 생각해보고 왼손에는 천 원짜리 지폐를 들고 있다고 생각해보자. 어느 손가락에 힘이 들어갈까? 모두 백만 원을 들고 있는 오른손이라고 대답을 한다. 가볍기는 비슷하지만 손에 귀하다고 생각한 것이 들어오면 자연스럽게 힘이 들어간다.

악수를 할 때도 상대가 불쾌하지 않을 정도의 손에 힘을 주고 악수를 하자. 혹시 상대방이 "오늘따라 왜 이렇게 손을 꽉 잡으십니까?" 라고 물으면 이렇게 대답하면 어떨까? "사람은 손 안에 좋은 것이 들어오면 손에 힘이 들어간답니다. 제 손에 좋은 것이 들어왔나 봅니다."라고. 아마도 유쾌한 대화로 연결되어 즐거운 만남이 될 것이다.

밝은 표정과 말투로 인사하는 사람은 어디에서나 환영 받는다. 환영받고 사람과의 관계가 즐거워지면 일상은 자연스럽게 더 즐거워진다. 언어의 느낌 그대로 밝은 표정과 목소리로 인사하자! 더 즐거운 변화는 시작된다.

4. 더 경청하자

많은 사람들은 성공하기 위해서 노하우(Know-How)가 필요하다고 말한다. 무슨 일을 하든지 어떻게 해야 하는지 방법을 알면 성공할 수 있다고 말한다. 하지만 요즘은 노하우(Know-How)외에 한 가지 더 추가되는 게 있다. 바로 노후(Know-Who)이다.

어떤 사람들의 성공을 위해서는 노후(Know-Who)가 가장 중요하다고 말한다. 그만큼 대인관계가 성공의 중요한 관건이 된다고 말할 수 있다. 자신의 능력도 중요하지만 얼마나 많은 인적 네트워크를 갖고 있느냐가 그 사람의 성패를 좌우할 수 있다.

많은 사람들은 포럼, 동호회, 인맥 페스티벌 등을 통해 대인관계를 넓히고자 노력한다. 그리고 대인관계에서 호감을 줄 수 있도록 스스로를 리모델링하려 하고, 목적에 맞춰 인상이나 이미지를 만들어 가는 노력을 하기도 한다. 그것이 바로 이미지 메이킹(image making)이다. 이미지 메이킹(image making)에는 여러 가지 방법이 있지만, 대인관계를 원활하게 하고 좋은 이미지를 남기기 위해 '경청'이 가장 중요하다.

말을 조금 적게 하고 상대의 이야기에 더 경청할 수 있는 자세가 있다면 누구에게나 환영받을 수 있다. 하지만 알고는 있지만 경청이 잘 되지는 않는다. 경청이 잘 되지 않는 데는 생각이 더 많아서다. 우리가 1분 동안 말 할 수 있는 단어의 수보다 머릿속으로 생각하는 단어의 수가 4~5배 많아서 상대가 이야기 하는 순간 다음에 무슨 말을 할지, 또 어떤 답변을 할 지, 개인적인 근심을 거리를 생각하는 등의 모습이 경청을 방해한다. 이런 경청의 방해요소를 극복하는 데 있어서 메모는 효과적인 방법이 될 수 있다. 특히 세일즈나 상담을 하시는 분들은 고객과의 대화에서 이런 모습이 더 필요하다.

이제부터는 인내심을 갖고 주변 사람들의 이야기에 좀 더 경청하는 습관을 가져보자!

'한 번 말하고, 두 번 듣고, 세 번 맞장구쳐라!'라는 경청의 스킬과 관련된 말이 있다. 맞장구를 쳐가면서 주변 사람들의 이야기에 경청하는 실천을 해보면 상대의 눈빛에서 당신을 신뢰하고 있다는 느낌을 쉽게 볼 수 있다. 그래서 즐거움이 생긴다.

경청에도 여러 가지 방법이 있다.

- 미리 판단하지 말고, 끝까지 들어라.
- 잘 듣고 있다는 자세를 취해라.
- 시선을 주고, 맞장구를 쳐라.

중요한 것은 상대의 마음 속 메시지를 파악하려고 노력해야 한다. 부부간의 갈등, 자녀와의 대화의 어려움, 친구나 직장 동료와의 갈등, 고객의 불만 속에서 우리는 자신의 이야기만 풀어놓으려 애쓰지 않았을까? 아니면 누군가에게 가르치려고만 하지 않았을까?

상대방의 이야기에 귀 기울일 때 상대는 경청해 주는 사람으로 인해 마음이 즐거워지고, 대접받는다고 생각한다. '말을 잘하는 사람이 성공한다.'라는 문구에서 진정으로 말을 잘 하는 사람은 잘 들어주는 사람이다.

진정한 경청의 실천

개인적으로 아주 가까운 분이 음식점 창업을 하기 위해 계약을 했다. 그 분은 새로운 사업과 관련해 가게의 위치를 굉장히 중요하게 생각했다. 그래서 나를 비롯한 주변의 많은 사람들에게 가게를 보여주면서 의견을 물어봤다. 그 시간이 적어도 6개월은 된 것 같다. 그런데 가게의 위치나 사업타당성과 관련하여 의견을 물을 때마다 대화가 더 이상 진행되기 힘들 정도로 서로의 생각이 평행선을 그릴 때가 많았다.

새롭게 창업을 준비하는 사람은 빨리 자신의 가게를 갖고 싶어 한다. 그리고 무엇보다 열정과 의욕이 넘친다. 급한 마음 때문인지 가게의 위치에 대한 개인적이고 지극히 주관적인 생각을 갖고 자신이 가진 자본금 내에서 언제나 이만한 가게는 없다며 나와 주변 사람들에게 의견을 묻는다. 사실 의견을 묻는 것이 아니다. 자신의 생각에 동의해주길 간절히 바란 것이다. 그래야 새로운 사업을 시작하면서 정신적인 안정감을 가질 수 있기 때문이다. 의견을 묻는 마음을 알면서도 쉽게 동의할 수는 없었다. 이 가게는 이런 면이 조심스럽고 개인적으로는 다른 가게위치를 알아보는 것이 좋겠다는 의견을 내면 바로 실망한다. 그리고 쓸 만한 가게가 없다며 등을 돌려 버린다.

간혹 길을 가다 '이곳에 이런 가게는 정말 안 어울린다.' '이 자리에는 이런 가게가 어울리겠다.' '야 정말 가게 목이 좋다.'라는 생각이 들 때가 있다.

음식점을 새로 창업하실 분들이 받는 교육에 수백 명의 사람들이 몰려있는 것을 본 적이 있다. 그곳에서 교육하는 담당자들은 항상 이런 이야기를 한다. "새로 창업하는 음식점 중에서 10군데 중 9군데는 실패합니다. 최선을 다하시고 열심히 하세요! 여러분도 성공할 수 있습니다." 분명한 것은 이 이야기를 듣는 사람의 대부분은 스스로

'나는 10%안에 들 수 있다.' 생각하고 있다. 하지만 반대로 생각해 보면 90%의 사람들은 본인이 원하는 목표를 달성하기 힘들다.

지인 중 '내 눈에 안 보이는 것이 다른 사람 눈에는 보인다.'라는 말하는 분이 있다. 그 분도 새롭게 창업을 준비 할 때 여러 곳의 가게를 둘러보고 생각도 많이 했다고 한다. 그래서 맘에 드는 가게를 친구에게 보여주면 여지없이 친구는 그 가게에 대한 부정적인 의견만 내놓아 감정까지 상할 때가 있었다고 한다. 몇 달을 그렇게 가게를 보기위해 돌아다니다가 어느 날 갑자기 수십, 수백 번도 더 지나다니던 길에서 작은 가게를 보게 되었다. 그리고 그곳에서 새로운 시작이 지금의 성공을 가져다주었다고 한다.

"그 땐 정말 서운하게 들렸던 친구들의 말이 지금 생각해 보면 다 맞더라! 그런데 그때는 정말 그런 모든 것이 보이지 않더라."

경청의 중요성은 알고 있다. 그리고 자신의 생각이 다 옳지는 않다는 것도 안다. 그래서 새로운 일을 추진할 때 우리는 항상 주변 사람들에게 의견을 물어본다. 그럴 때 주변 사람들은 그 사람의 성공을 기원하면서 조언을 아끼지 않는다. 하지만 몸에 좋은 음식이 입에 쓰듯이 좋은 말도 귀를 거스르게 하고 상대의 의견에 경청하는 것이 아니라 상대의 의견에 자신의 생각대로 반박한다. 그래서 조언이 더 이상 이어지지 못한다. 결정은 당사자의 몫이다. 의견에 진정으로 경청할 때 보다 효과적인 결정이 따를 수 있다.

* 더 즐거운 변화를 위한 유머

중국집에 단체 손님이 왔다.
주인은 말한다. " 어서오세요. 뭘 드릴까요? "

손님1 : 나는 짜장면!
손님2 : 나는 짬뽕!
손님3 : 나는 짜장면 곱배기!
손님4 : 나는 볶음밥!
손님5 : 나는 삼선짬뽕!
손님1 : 어~ 그런 것도 있어? 아저씨 나도 짜장 취소하고 삼선짬뽕이요!
손님2 : 그럼 나도 삼선 짬뽕으로 주세요!

주문을 모두 마치자 주인은 한참을 생각하다가 주방을 향해 소리쳤다.

" 야! 주방장 너도 들었지 "

5. 다른 사람의 장점을 발견해줘라

"성공의 비결은 남을 험담하는데 있지 않고, 다른 사람의 장점을 발견해 주는데 있다"

벤자민 프랭크린 (Benjamin Franklin, 1706 ~ 1790, 정치인, 계몽사상가)

성공한 사람들의 말 절반은 칭찬이다'라는 말이 있다. 칭찬은 다른 사람을 정말 기분 좋게 하는 대화의 아주 중요한 요소다. 칭찬하는 사람은 표정도 밝다. 그래서 많은 사람들은 칭찬이 대인관계 개선에 반드시 필요한 요소라고 인식하고 있다. 하지만 알고 있는 것과 실천은 정말 다르다는 말을 하고 싶다.

강의 중 칭찬과 관련하여 이야기할 때 청중에게 항상 옆 사람과 가위, 바위, 보 게임을 시켜본다. 그리고 가위, 바위, 보에서 진 사람에게 먼저 "이긴 사람을 칭찬해주세요"라고 주문을 한다. 칭찬을 해보라는 말과 동시에 항상 똑같은 모습을 보게 된다. 순간 '멍'해지는 청중들의 모습이다. 어떤 분들은 "가위, 바위, 보 이기시느라 수고하셨습니다." 이렇게 말하기도 한다.

칭찬이 중요한 것은 알고 있지만 대부분 어렵게 생각하고 쉽게 칭찬 하지 못한다. 진지하게 칭찬을 해야 상대가 기분 좋아한다는 것을 알기에 더욱 어려워진다. 하지만 상대는 가볍게 "당신 킹!왕!짱!"이라는 말만 들어도 기분이 좋아진다. 어렵게 생각하지 말고 오늘은 바로 옆에 있는 가족, 동료, 친구 등 주변 사람에게 이렇게 칭찬해 보자!

"당신이 최고입니다."

칭찬을 잘 못하는 이유가 또 있다. 바로 '상대가 먼저 해주면 그때 하지 뭐!'라고 생각하는 마음이다. 먼저 칭찬해라. 상대에게 먼저 칭찬한다고 해서 그 사람이 죽을 때까지 당신의 칭찬만 듣고 살진 않는다. 한두 번 듣다보면 반드시 당신에게 칭찬하게 되어있다. 그러면서 관계가 개선될 수 있다. 들으면 하겠다가 아니고 먼저 칭찬하는 작은 실천이 필요하다.

인사와 동시에 칭찬하자 우리는 누군가를 만나면 반드시 인사를 한다. '안녕하세요?'라는 말과 함께 고개를 숙인다. 고개를 들고 일어설 때 첫 마디에 어떤 말을 할까 가끔은 고민을 한 적도 있을 것이다. 오늘은 인사를 하고 나서 상대의 칭찬거리를 찾아서 바로 말을 해보자.

"안녕하세요? 오늘 표정이 정말 좋으십니다."

"안녕하세요? 넥타이와 셔츠가 정말 잘 어울립니다."

유쾌한 대화, 즐거운 만남의 시작된다.

몇 년 전 인터넷에서 굉장히 재미난 사진을 본 적이 있다. 군인들이 내무반에서 양파를 키우는데 말의 조건을 달리 해서 키웠던 양파 사진이었다. 한 쪽 양파는 칭찬을 해주고, 다른 쪽의 양파는 거의 욕을 하면서 키웠다. 놀랍게도 칭찬을 들은 양파가 욕을 들은 양파보다 2배 정도는 더 자란 모습을 보였다. 사람들의 말을 못 알아들을 것 같은 양파도 듣고 반응을 보이는데, 바로 옆에 있는 가족, 친구, 동료는 오죽 하겠는가? 칭찬하자!

칭찬에도 몇 가지 법칙이라 말하는 것들이 있다.

1. 구체적인 사실(내면, 용모, 소지품, 주위환경 등)에 의한 칭찬을 하라.

2. 진심 어린 칭찬을 하라(아부와 칭찬의 구분).
3. 적절한 타이밍에 의한 칭찬을 하라(늦으면 효과는 1/10으로 감소).
4. 스킨십을 활용해 칭찬하라.
5. 웃으며 칭찬하라.

칭찬은 긍정적 사고와 화법의 시작이며, 인생을 성공으로 이끄는 비법이다.

가끔 칭찬이 잘 안될 때가 있다. 이유는 평소 봐왔던 주변 사람에 대한 고정관념이 너무 큰 까닭이다. '이 사람은 이런 사람이야! 이런 모습 밖에 없어!'이런 고정관념의 울타리가 너무 커서 그 사람의 다른 모습은 쉽게 인정하지도 않고 그래서 쉽게 보이지도 않는다. '안다'라는 생각이 너무 큰 까닭이다.

강의 중에 여러 용도로 이 '안다'라는 모순을 버려야 한다고 강조하면서 동전 100원을 그려보라 한다. 동전 100원을 모른다고 하는 사람은 전혀 없다. 수 십 년을 사용했고 지금도 주머니 속에 넣고 있는 동전이다. 하지만 알고 있다고 자신했던 동전 100원의 양면을 자신 있게 그리는 사람을 쉽게 볼 수 없다. 지금 책의 한 편에 그려보자! 분명 아는데 그리기는 자신이 없을 것이다. '수십 년 동안 써왔던 동전이고 분명 알고 있다 자신했던 동전 100원도 실상 잘 몰랐구나!'라는 생각이 드는데 바로 옆에 있는 사람은 오죽 할까? 더 많은 다양성을 갖고 있는 것이 사람이다. '안다'라는 생각을 던져 버리고 관찰하고 칭찬하는 모습을 통해 더 좋은 인간관계의 끈을 만들자! 칭찬을 들은 상대는 다시 당신의 좋은 모습을 찾으려 노력한다. 칭찬할 때 일상의 즐거움은 배가 된다.

* 지나친 칭찬은 독이 된다

많은 사람들이 지나친 칭찬의 역효과를 생각한다. 그래서 칭찬에는 5:1의 법칙이 있다고 한다. '다섯 번 칭찬하면 한 번의 충고나 질책도 해줘야 한다.'

"칭찬만 했더니 기어오르더라!"

"오냐 오냐 했더니 버릇이 없어!"

"칭찬을 많이 했더니 자기가 최곤 줄 알아!"

예전에 책에서 봤던 고양이와 개의 서로 다른 생각에 대한 짧은 유머가 생각난다. 주인이 안아주고 먹여주고 재워주고 사랑해주는 일련의 상황에서 개와 고양이의 서로 다른 생각이다.

주인이 사랑해주고 먹여주고 재워주니 개는 이렇게 생각한다.

"우리 주인은 참 고마운 사람이야!"

주인이 사랑해주고 먹여주고 재워주니 고양이는 이렇게 생각한다.

"난 참 대단한 고양이야!"

지나친 칭찬이라고 해서 누구에게나 독이 되지는 않는다. 하지만 대부분 과도하고 지나친 지속적인 칭찬을 통해 자만하는 모습을 쉽게 가질 수 있다. 때론 진심어린 충고와 질책이 상대에게 더 큰 마음의 자양분이 될 수 있다.

6. 옷차림도 중요하다

'새 신을 신고 뛰어보자 폴짝!'이라는 노래 가사처럼 기분 좋은 옷차림은 남녀노소 누구에게나 즐거움과 자신감을 갖게 해준다. 그렇다고 새 옷을 장만하자는 말은 아니다. 대인관계의 즐거움을 위해 옷차림이 중요하다는 말을 하고 싶다. 즐거움의 변화는 먼저 스스로가 즐거워야 하기 때문이다.

옷차림은 당신이 누구인지, 어떤 성격의 사람인지를 말해준다. 대인관계가 많은 사람들, 특히 세일즈를 하는 사람이면 특히 신경을 써야 하는 부분이다. 옷이 날개라는 말처럼 첫인상에서 옷차림이 주는 영향은 상당하다. 물론 상대방의 내면을 중시하고 만남을 가져야 하지만 남루한 차림이나 상황에 어울리지 않는 옷차림의 상대에게 우리는 쉽게 호감을 갖지 못한다. 반대로 깔끔한 옷차림의 사람에게는 쉽게 호감을 갖기 마련이다.

값비싼 고급 옷차림을 말하는 것이 아니다. 자신에게 어울리는 색깔의 옷, 장소에 맞는 옷차림, 세탁이 잘 된 깨끗한 옷차림은 상대에게 호감을 줄 수 있다.

가족과 때론 직장동료와 식사를 하기 위해 식당에 갔을 때를 생각해 보자. 종업원과 주인이 얼룩과 음식물이 묻어있는 지저분한 옷을 입고 있다면 그 식당에 다시 가고 싶을까? 입사를 위해 면접을 보러 오는 사람이 반바지에 슬리퍼 차림으로 방문한다면 그 사람을 채용할까? 내면의 중요성을 알면서도 쉽게 옷차림에서 받는 첫인상을 무시하지 못한다.

개인적인 친분이 있는 세일즈맨이 있다. 면도나 세수를 하지 않은 그런 얼굴에 단정하지 못한 옷차림이 평소 모습이다. 드레스셔츠가 바지 위로 빠져나와 있고, 언제나 어둡고 칙칙한 넥타이만 메고 있다. 그 사람은 스스로 자신에게 문제가 있음을 알지 못하고, 항상 운이 없다는 말만 늘어놓는다. 정말 운이 없어서 일이 잘 안될까? 옷차림에서 상대에 신뢰를 주지 못했고 그로 인해 일은 잘 풀리지 않아 언제나 힘들다는 하소연만 늘어놓는다.

면접을 앞두고 있는 사람들과 세일즈를 하는 사람에게 조언을 할 때 항상 TV에서 뉴스나 토론을 진행하는 아나운서를 유심히 보라고 말한다. 뉴스나 토론을 진행하는 아나운서는 많은 사람에게 신뢰를 주기 위해 의상에도 상당한 신경을 쓴다. 옷을 어떻게 입느냐에 따라 마음가짐도 달라질 수 있고 어떤 사람으로 보이느냐에 따라 고객에게 전달하는 신뢰의 깊이도 달라진다.

고급 옷보다는 단정하고 깨끗한 옷차림이 좋다.

만나는 고객의 직업, 연령, 장소, 직업, 경제력에 따라 전략적 옷차림이 필요하다.

우리는 옷차림을 통해 그 사람의 생활, 환경, 직장, 교양, 취미 등을 엿볼 수 있다. 옷차림에 자신이 생기면 어깨도 더 펴진다. 당당함이 표현되면서 일도 잘 풀릴 수 있다. 일이 잘 풀리면 그 만큼 일상은 즐거워지기 시작한다.

명절의 마음과 옷차림처럼

설날 우리의 가정 풍경은 머리에 많은 이미지로 남아있다. 한복을 차려입고 세배를 하고 세뱃돈을 받고 미소를 짓기도 하고, 부모님께 용돈을 드리며 뿌듯해하기도 하며 용돈을 넉넉히 드리지 못해 한편으로 죄송한 마음을 갖기도 하는 그런 표정들... 식사 후 술잔을 돌리며 나누는 즐거운 대화, 가족과 어울려 크게 소리 지르며 즐기는 윷놀이 등 생각만 해도 고향이 그립고 항상 마음 한편에 편안함과 사랑을 느끼게 한다.

그러나 한편으론 바쁜 생활 때문에, 지독한 교통체증 때문에 고향을 찾지 못하는 사람들도 있다. 그 분들의 마음속에는 아쉬움과 그리움이 오랫동안 남게 된다.

고향 가는 길의 옷차림을 생각해 봤다. 저마다 가장 좋은 옷, 깨끗하게 세탁한 편안한 옷 그리고 새로 산 옷을 입고 오랜만에 만날 가족과 친구들과의 만남을 기대한다.

내 기억에도 어린 시절 부모님은 명절이 되면 장터에 나가 옷을 사주신 기억이 있다. 아마도 당신의 큰아들이 조부모나 친척들에게 더 근사하게 보이길 바라셨지만 사실 옷맵시가 좋은 몸매는 아니다.

지금은 설날에 입고 갈 옷을 며칠 전부터 깨끗하게 준비한다. 옷차림은 자신의 상황을 대변해 주고, 그 사람의 멋과 감각, 스타일을 반영한다. 그래서 사람들은 누군가를 보는 순간 옷 입는 스타일에 따라 그 사람을 대하기도 하고 관심을 기울일 만한 사람인지를 판단하기도 한다. 오랜만에 만나는 고향의 친구들에게 또 부모님에게 우리는 옷차림으로 많은 것을 보여준다. 사회적 위치, 경제적 상황, 그래서 옷차림에 더욱 신경을 쓰는 사람들이 많다.

누군가를 만날 때 처음 몇 분 이내에 상대방이 나에 대해 내리는 판단은 다른 어떤 것보다도 겉으로 보여 지는 모습에 크게 좌우된다. 그리고 겉으로 보여 지는 모습은 본질적으로 옷차림에서 어떻게 입었느냐 하는 것과 같을 수 있다. 그래서 우리는 상황에 맞게 옷을 입어야 하고 만나는 사람에 따라 다른 옷을 입어야 한다. 그래야 신뢰를 줄 수 있다.

영업사원이 트레이닝복을 입고 고객을 만날 수 없다. 선생님이 반바지에 슬리퍼 차림으로 교단에 서진 않는다. 또 명절연휴에 오랜만에 부모님을 만나러 가면서 더러워진 그리고 지저분한 옷차림은 피한다.

이미지메이킹과 관련해 강의를 하시는 분들 중에는 강의실 한쪽에 수십 가지의 색깔로 구성된 천을 가지고 계시는 분들을 볼 수 있다. 그 분들은 스스로의 이미지를 개선하고자 노력하는 사람들에게 여러 가지의 천을 활용해 가장 돋보이게 하는 색깔을 찾아준다. 그 색깔의 옷을 입게 되면 자신감도 생기고 상대방에게 호감과 신뢰감을 줄 수 있는 모습을 쉽게 연출 할 수 있다.

지난 명절연휴 부모님을 만나기 위해 준비했던 옷차림처럼, 상대방에게 호감과 신뢰를 줄 수 있는 상황에 따른 옷차림을 통해 자신감과 즐거움을 찾아보자.

7. 좋은 향기는 즐거운 변화를 줄 수 있다

전역예정 장교들의 사회진출을 위한 즐거운 리더십 강의를 진행할 때였다. 강의 시작 전에 교육진행을 하는 장교와 인사를 나누는데 그 분에게서 진한 커피향을 느낄 수 있었다. 쌀쌀한 저녁 시간이기도 했지만 따뜻하고 맛있는 커피 한 잔이 떠올랐다. 향기로 인해 편안함을 느낄 수 있었기에 향기는 상대에 대한 감정에 변화를 줄 수 있다는 생각을 해봤다.

지금 당신은 어떤 향기를 갖고 있나요?

배우자에게 싫증이 나는 데에 있어서 향기는 한 가지 원인이 되기도 한다. 매일 함께하는 배우자에게 찌든 담배 냄새나 술 냄새가 가득하다면 사랑하는 감정이 사라질 수도 있다. 역시 배우자에게 김치 냄새나 마늘 냄새, 생선 비린내만 난다면 지나가는 다른 이성에게서 느끼는 좋은 향기에 시선이 돌아가기 마련이다.

아이들에게는 항상 좋은 향기가 느껴진다. 아이를 위한 섬유유연제의 향기가 우리의 후각에 좋은 느낌을 선사하기 때문이다. 대인관계의 즐거움을 위해 좋은 향기는 분명 필요한 요소다. 상대를 기분 좋게 하는 향기에 대해 생각해본다.

좋은 대인관계를 위해 우리는 깨끗한 옷과 미소 등을 준비한다. 생각해보니 시각적인 요소에 의한 준비가 대부분이었다. 사람의 감각은 다양하게 느낄 수 있는데도 말이다. 좋은 향기의 이성에게 우리는 좋은 느낌을 갖게 된다. 남자의 강한 스킨향기에 강렬함을 느끼기도 한다. 아이의 부드러운 향기에 우리 역시 부드러워짐을 느낀다. 이처럼 대인관계에 있어서 후각적인 첫 느낌도 중요하다.

발 냄새가 심한 분은 야외에서의 만남이 크게 어렵지 않다. 하지만 장소가 식당처럼 신발을 벗는 곳이라면 문제가 생길 수 있다. 혹시 냄새가 날 것을 염려하면서 대인관계에 자신감을 잃어버릴 수도 있다.

편안한 마음을 위해 잠자리 부근에 아로마 향을 피우는 사람들이 있다. 차 안의 좋은 향기를 위해 차량용 방향제를 하나씩은 가지고 있다. 화장실 한쪽 벽면에 방향제를 설치하기도 한다. 집안의 좋은 향기를 위해 틈틈이 탈취제를 뿌리기도 한다. 이처럼 우리는 좋은 향기를 위해 집안, 차안 등에는 신경을 쓰는데 다른 사람과의 만남에서는 어떤지 생각해 볼 필요가 있다. 혹시 담배 냄새로 인해 상대의 얼굴이 찌푸려지는지, 아침임에도 불구하고 어제 마신 술 냄새가 진동을 하는지, 머리를 감지 않아 상대가 근처에 잘 오려 하지 않는지...

여러 가지 요인에서도 불쾌한 냄새는 상대와의 거리를 더 멀게 만든다. 반대로 좋은 향기는 상대와의 거리를 더욱 가깝게 한다. 좋은 향기를 가져야 한다!

집 안에 오래 사용하던 이불을 화창한 날 햇볕에 말리면 저녁에 좋은 느낌의 잠자리를 맞을 수 있다. 숲속에 가면 숲의 향기에 마음의 평안함을 느낄 수 있다. 해지는 저녁 지나가는 다른 집에서 풍기는 된장찌개 냄새에서 저녁식단의 변화가 생긴다.

나는 지금 다른 사람에게 어떤 향기를 풍기고 있을까?

아이들은 엄마 품에 안겨 "엄마 냄새가 세상에서 가장 좋아!"라고 말한다. 피곤한 일상에 편안함과 친근함을 줄 수 있는 그런 향기를 갖고 있다면 분명 대인관계에 효과적인 전략이 된다. 좋은 향기를 갖는 시간을 만들어보자! 스스로 즐겁지만 분명 상대의 얼굴에서도 미소를 볼 수 있다.

8. 첫인상과 마지막 인상

첫인상을 만들 수 있는 두 번의 기회는 결코 없다. 누군가를 만나는 순간, 상대에게는 '나'라는 사람에 대해 판단을 내릴 수 있는 수많은 정보들이 전달된다. 이 모든 일들은 순식간에 일어나고 채 몇 분이 지나기도 전에 많은 일들이 이루어진다. 누구에게나 마찬가지지만 일단 판단이 내려지면 좋든 나쁘든 간에 그 판단을 바꾸는 일은 불가능하지는 않더라도 무척 어려워진다.

흔히 상대의 첫인상을 결정하는 데 3~10초 정도 걸린다고 한다. 하지만 그렇게 짧은 시간 결정된 첫인상을 바뀌는 데는 40시간 정도의 시간이 필요하다고 한다. 자주 만나는 사람에게는 그리 긴 시간이 아니지만 비즈니스 관계에서의 만남이라면 그 첫인상은 평생 동안 바꾸지 못할 수도 있다. 그래서 우리는 첫인상이 굉장히 중요하다고 말한다.

면접을 앞둔 구직자가 면접관과의 첫 만남에서 주는 첫인상, 고객과의 만남에서 영업사원이 고객에게 주는 첫인상, 가게에 찾아오는 손님을 대하는 주인의 첫인상은 상대방으로 하여금 많은 판단을 내릴 수 있기에 정말 중요하다.

첫인상을 결정하는 데 있어서 많은 사람들이 시각적, 청각적, 언어적 요소로 판단한다고 한다. 시각적으로 얼굴 표정이나 분위기, 옷차림 등에서 우리는 많은 판단을 할 수 있다. 상대방을 볼 때 가장 먼저 어디를 볼까? 많은 사람들이 얼굴을 보면서 많은 정보를 갖게 되고, 밝은 표정은 상대방에게 호감을 주는데 있어서 효과적이다.

몇 년 전 TV에서 '얼굴표정 예뻐지는 법'이 방송되었다. 무표정하고 무뚝뚝한 실험남녀를 대상으로 '개구리 뒷다리~' 등의 연습을 통해 자신감 있고 호감 주는 표정으로 변화하는 모습을 볼 수 있었다. 좋은 첫 인상을 위해 밝은 표정으로 바꾸는 연습이 필요하다.

옷차림 역시 중요하다. 깨끗하고 단정하며 때와 장소에 맞는 옷차림은 상대에게 좋은 첫인상을 남길 수 있다.

청각적인 판단에서는 목소리가 중요하다. 우리는 처음 만나는 사람과 대화를 나눌 경우 상대방의 목소리나 말하는 방식으로 그 사람의 특성을 단정 짓게 된다. 예를 들어 울림이 있는 저음의 목소리에는 신뢰감을 느끼지만, 가늘고 힘없는 목소리에는 빨리 대화를 마치고 싶은 느낌을 가질 수도 있다.

언어적인 판단은 상대방이 말할 때 선택하는 단어에서 쉽게 판단한다. 지적이고 고급스런 단어를 사용한다면 조금 더 신뢰감을 줄 수 있다. 하지만 실망스런 단어를 선택하는 상대에게는 쉽게 호감을 갖기 어려울 수도 있다. 때와 장소에 맞는 단어 선택도 첫인상에서 중요한 요소이다.

물론 첫인상이 나빴다고 또는 좋았다고 해서 모든 것이 끝나는 건 절대 아니다. 하지만 상당시간 처음 느낌이 지속될 수 있기에 좋은 첫인상을 갖기 위한 노력이 필요하다.

더 중요한 것은 마지막 인상

예전에 저녁식사를 하기위해 갔던 식당에서 지방선거에 출마한 후보자 한 분이 일일이 인사를 다니면서 지지를 요청하는 모습을 볼 수 있었다. 상당히 피곤한 얼굴에 목은 쉬어 쉿소리가 나고, 피곤함에도 얼굴은 힘겹게 웃고 있고, 술에 취한 손님들의 요구에도 일일이 답변하는 모습까지, 끝까지 최선을 다하려는 모습에서 열정보다 측은함이 느껴졌다. 그리고 한 편으로 다른 곳에서 지지를 호소하며 돌아다닐 그 후보자의 가족들도 '참 고생이다!'라는 생각이 들었다. 목표를 위해 짧은 시간 최선을 다하는 모습에 오히려 측은한 마음이 드는 건 비단 혼자만의 생각은 아닐 것이다.

선거 때마다 정말 소란스런 일상이 많아진다. 조용하던 동네에 선거음악이 연신 크게 울려 퍼지고, 삼삼오오 모여 다니는 분들의 인사와 연설... 주기적으로 찾아오는 선거풍경이지만 선거 때마다 개인적으로 기대하는 한 가지가 있다. 바로 선거에 출마한 후보자들의 방송토론에서 상대후보의 흠집 내기에 재치 있게 답변하는 모습을 보고 싶었다. 유머 책에서 보면 미국의 선거 후보자들의 재미있는 TV토론 일화를 많이 볼 수 있어서였다.

매번 기대와는 달리 후보자들의 대화에서는 기다렸다는 듯이 서로를 비판하고 자신이 최고의 선택임을 알리기 위해 최선을 다한다. 비판만 하는 선거는 이제 지겹다. 웃음을 주는 리더를 보고 싶었던 생각은 매번 단순한 기대에 그친다. 단점을 극복하는 긍정의 의미를 되새겨보고 싶다. 상대를 비판만 해서는 빛을 발휘할 수 없을 것이다.

후보자들의 재치 있는 답변은 쉽게 볼 수 없지만, 좋은 첫인상을 주기위해 최선을 다한 후보자들이 마지막 인상도 좋았으면 한다. 그래야 다음에도 선택받을 수 있다. 모든 사람들이 마찬가지가 아닐까? 다음의 또 좋은 관계를 위해서 마지막 인상에서도 좋은 느낌을 줄 수 있을 때 우리는 더욱 발전하는 미래의 모습을 만들어 갈 수 있다.

여섯 번째 변화

가족과의 즐거움을 찾아라

"너는 커서 뭐가 되고 싶냐?"라고 물으면 이렇게 대답하는 아이들이 있다. "대통령이요!"생각해보면 나도 그랬던 적이 있다. 하지만 이제 그런 꿈은 절대 꾸지 않는다. 이유는 간단하다. 가족도 어떤 면에선 제대로 이끌어가지 못하는 사람이 어떻게 큰 나라를 이끌어 갈 수 있을까?

결혼을 하고 아이가 태어나면서 모든 생각과 관심은 자연스럽게 가족에 더 집중된다.

'어떻게 하면 아들에게 훌륭한 아버지의 모습을 보여줄 수 있을까?'
'어떻게 하면 경제적 어려움을 덜 겪을 수 있을까?'
'어떻게 하면 더 행복한 가정을 만들 수 있을까?'

사실 이정도면 긍정적인 생각이다. 긍정적으로 생각하라고 말하고 있는 나도 아버지로서, 남편으로서 만일의 모습도 가끔 생각한다.

무릇 큰사람은 나라와 민족을 걱정한다고 한다. 나는 분명 큰사람은 못된다. 스스로의 그릇의 크기를 알기에 가족에 더 집중한다. 자고 있는 아이들의 모습을 보면 참 행복하다. 아내와 산책하는 시간이 참 행복하다. 부모님을 비롯해 온가족이 함께 맛있는 음식을 먹고 고스톱 치는 시간이 참 좋다. 웃음소리가 집안에 많을 때 정말 기분이 좋다. 그래서 가족과 함께하는 시간을 더 만들고 싶다.

1. 가족에 대한 배려가 즐거움을 키운다

배려는 남을 보살펴주거나 도움을 주려고 애쓰는 모습을 뜻한다. 남을 배려할 때 스스로도 존중받을 수 있고 다른 사람에게 존중받는 느낌이 있을 때 일상은 더 즐거워진다.

대인관계의 모든 부분에서 배려는 필요하다. 미소 띤 얼굴로 인사하고 칭찬도 하고 더 경청하는 대화를 하면서 타인을 비난하거나 불만을 쉽게 표현하지 않아야 호감을 주고 좋은 대인관계를 만드는 방법이 될 수 있다. 이 모든 것이 상대에 대한 배려하는 마음이 바탕이 되어야 실천될 수 있다. 그리고 이런 배려하는 마음의 실천 대상이 먼저 가족이라면 정말 좋을 것 같다.

명절의 가족의 풍경을 생각해보자. 오랜만에 만나는 가족들과 행복한 모습을 그리며 고향집으로 부모님이 계신 곳으로 발걸음을 옮긴다. 모두가 그런 것은 아니겠지만 행복한 상상만큼 기쁨으로 가득한 그런 만남만 있지는 않다. 때론 아쉬움을, 때론 실망감을 갖고 일상으로 돌아온 모습도 분명 있다. 어릴 시절의 좋았던 사이는 언제부턴가 세월의 흐름만큼 틈이 생겼고 복구가 힘든 모습에 상처투성인 사람들도 있다. 남들에게는 인정받고 사랑받아도 정작 가족의 관심과 사랑이 더 절실하게 필요한 사람들에게 그런 마음이 더 크지 않을까 생각도 해본다.

명절날. 몇 달 또 몇 년 만에 가족을 보신 많은 분들께 여쭙고 싶다.

"다른 사람에게 친절했던 모습만큼 가족에게도 친절하셨습니까?"

일적인 만남에서 상대에게 서운한 감정이 있어도 우리는 잘 표현하지 않는다. 다음의 만남에서 있을 자신의 이익을 위해서도 그럴 것이다. 사회적 만남에서 우리는 흔히 '영원한 동지도 영원한 적도 없다!'라는 말을 간혹 한다. 언젠가 나에게 도움이 될 수 있을 것 같은 사람에게는 가급적 친절한 모습을 보인다. 싫었던 사람도 내게 도움을 줄 것 같고 그 사람의 도움이 필요하다면 우리는 친절한 모습을 보이며 서운한 마음도 쉽게 털어버린다.

그런데 가족에게는 그렇게 못하다. '그래도 핏줄밖에 없다.' 말하면서 가족의 앙금은 쉽게 풀리지 않는다. 사이가 좋지 못한 형제, 자매는 오랜만에 부모님의 집에 모여 앉아도 인사나 안부를 묻지 못하는 모습도 있다. 지나가는 이웃이나 손님에게는 언제나 가볍게 물어보는 그런 인사도 없다. 서로에게 상처만 남는다. 분명한 것은 어느 한쪽의 잘못만은 아니다. 그런데 자신의 잘못은 보지 못하고 남 탓만 하면서 서로의 서운함은 더 커진다. 아마도 마음속에 항상 간직하고 있는 '가족, 핏줄'이라는 단어가 그런 마음을 더 부추길 수 있다.

80세의 어머니와 55의 아들이 함께 극장에 가서 표를 사는데 어머니가 말하길 "어른 하나, 아이 하나 주세요!"라는 유머가 생각난다. 부모 눈에는 항상 자식이 어리게만 느껴져 걱정하듯 형, 누나, 언니의 눈에는 동생의 어릴 적 모습이 더 크게 자리 잡고 있지 않을까? 동생들은 성장한 모습은 인정하지 않고 언제나 어리게만 생각하는 형,

누나, 언니의 모습에서 서운함을 느끼지 않을까? 서로의 모습을 인정해주지 않고 과거만 생각하고 그 생각의 울타리에서 품에 안으려고만 해서는 이미 틈이 생겨버린 마음의 거리가 가까워 질 수 없다.

고슴도치는 어미와 새끼가 일정한 거리를 두고 살아간다. 안으려 하면 서로 상처가 된다. 우리의 삶에도 고슴도치의 모습이 필요하다. 소유하거나 품에 안으려고만 하지 말고 언제나 가장 소중하게 생각하는 가족에게 더 배려하는 마음의 실천이 필요하다.

더 즐거운 변화를 위한 유머

1. 나그네
 나 : 나는 당신을 사랑합니다.
 그 : 그대도 날 사랑하십니까?
 네 : 네!

2. 사이다
 사 : 사랑합니다.
 이 : 이 생명 다할 때까지 사랑합니다.
 다 : 다시 태어나도 당신만을 사랑하겠습니다.

집에서 활용하면 아마 가족 중 한 분이 이런 말을 할 수도 있다. "그럼 나한테도 '사이다' 운 한 번 띄워봐"
 사 : 사랑합니다.
 이 : "이 생명 다할 때까지 사랑합니다."라는 말
 다 : 다 뻥이지!

유머는 먼저 가족에게 활용해보고 밖에서 써야 한다. 밖에서 처음부터 실없는 유머를 쓰다간 "저 사람 또 시작 했네."하며 왕따 당하기 쉽다. 하지만 가족은 왕따를 시키지 않는다. 왕따를 당해도 울타리 안에서만 잠시 그럴 수도 있다. 중요한 사실은 재미없고 실없는 유머도 자주 쓰다보면 어느새 가족의 얼굴에 웃음 볼 일이 많아진다. 오늘은 가족에게 유머 한 가지 실천해보자!

2. 나와 다름을 존중하자

가족 간의 즐거운 대화, 맛있는 음식, 그리고 가족과 함께하는 윷놀이... 명절에 쉽게 볼 수 있는 대한민국 가정의 모습이다. 모두가 지친 몸을 달래기에 충분한 것들이다. 하지만 대화에서 의견 차이로 생기는 작은 다툼이 때론 서로에게 상처가 되기도 한다.

"왜? 형님은 그런 말을 할까?"

"남의 속도 모르고..."

"좀 이렇게 표현하면 좋을 텐데"

"그래도 명절이니까 좀 참고 계시지" 등등...

이처럼 서로에게 서운한 감정을 남기기도 한다. 서운한 감정은 금방 풀리기도 하지만 오랫동안 가슴속에 품고 사는 사람들도 있다.

사람은 모두 같은 생각을 할 수 없다. 유전적 요소에 의해 환경에 의해 생각과 표현이 달라진다. 서로 다름을 인정할 때 마음의 도량도 커진다. 서로 다름을 존중해야 한다.

벌써 몇 년이 지난 일이지만 가슴 아프게 생각하는 일이 있다. 바로 '숭례문 화재' 사건이다. 강의를 하다가 종종 청중들에게 물어본다. "숭례문 화재 사건의 근본 원인이 무엇일까요?"라고 말하면 대부분 관리소홀, 방화 등의 대답을 한다.

숭례문 화재 사건의 근본 원인을 나는 한사람의 분노라고 생각해봤다. 토지보상 문제와 관련된 한 개인의 분노가 엉뚱하게 국가적 문화적으로 엄청난 재앙을 만들어 냈다. 방화범이 혹시 이런 생각을 하지 않았을까?

'왜 담당자는 나처럼 생각하지 못할까? 왜 나랑 생각이 다를까?'

방화범의 생각을 정확히 알 수는 없지만 우리가 일상에서 다른 사람과 갈등으로 생기는 분노가 그렇지 않을까? 분노가 발생되는 이유를 이렇게도 말한다. '타인의 자유를 인정하지 못해서 분노가 생긴다.' 그래서 서로 다름을 인정할 때 분노를 다스릴 수 있다고 한다. '이 사람은 나랑은 다른 사람이니까 그럴 수 있어'라고 생각해보자.

몇 년 전 한국교원대학교에서 강의 시간보다 30분 일찍 도착해서 잠시 차에서 휴식을 취하고 있는데 건물 외벽에 큰 현수막이 눈에 들어왔다. 그 현수막에는 '다름을 존중하라!'라는 문구가 있었다.

인간은 유전적 요소에 따라서 성격이 몇 가지 유형으로 다르게 나타난다고 한다. 타고난 성격이 다른 사람에게 자신과 똑같기를 바라고 대화를 하길 원한다면 반드시 문제가 생길 것이다. 서로 다름을 인정하고 존중하면서 '나와 다르니까 이런 생각을 할 수도 있겠구나!', '나와 다른 사람이니까 그럴 수 있어!'라고 생각하면 만남과 대화에서 받았던 마음의 상처, 분노를 다스리는 데 도움이 되지 않을까?

같은 부모 밑에서 자란 자녀도 제각각 행동과 생각이 다르다는 것을 주변에서도 쉽게 볼 수 있다. '어떻게 사람이 똑같을 수 있어! 모두 다르지!'라고 생각하면서 대화를 한다면 갈등과 분노로 인한 스트레스도 좀 더 쉽게 이겨낼 수 있다. 다름을 인정하는 마음으로 원만한 가족관계, 마음의 여유를 찾길 바란다. 그래야 더 즐거울 수 있다.

더 즐거운 변화를 위한 이야기

클로버(CLOVER). 처음의 'C'와 마지막의'R' 스펠링 사이를 보니 사랑이라는 단어 'LOVE'가 들어 있다. 클로버의 의미를 되새겨 본다.

어린 시절 우리는 들판이나 풀밭에서 클로버(CLOVER)를 보면 항상 찾는 것이 있다. 바로 네잎 클로버다. 네잎 클로버를 찾으면 기분이 좋았고 사전에 책에 보관했던 추억을 갖고 있다. 그렇게 찾으면 기분 좋았던 네잎 클로버는 '행운'의 상징이다. 그런데 수도 없이 지천에 깔려있는 대부분의 클로버는 무엇인가? 바로 세 잎 클로버다. 너무 많아서 거들 떠 보지도 않았다. 그 세 잎 클로버는 '행복'을 상징한다.

우리는 가까이에 있는 행복의 요소, 소중함을 쉽게 잊고 살아간다. 그리고 일상에서 행운적인 요소만 찾아 헤맨다. 그래서 스트레스도 더 가중되지 않나 생각해 본다. 가까이에 있는 행복의 요소에 좀 더 관심을 가져라! 가족, 친구, 동료가 바로 당신을 더 행복하게 해줄 수 있다. 소중한 사람들. 소중함을 간과해서 떠난 후에 그 소중함을 비로소 깨달아서는 안 된다.

오늘은 가족에게 환한 미소를 한 번 보여주자!

3. 서로의 닿는 부분을 넓혀라

주변의 가족, 친구, 동료들과의 친밀감과 유대감은 우리의 삶을 더 즐겁고 더 행복하게 만들어준다. 그러면 주변 사람과의 친밀감과 유대감을 높일 수 있는 방법은 무엇이 있을까?

아이가 태어나면 대부분의 엄마는 언제나 아이를 품에 안고 있다. 좀 더 성장해서 아이가 좋지 못한 행동을 하거나 거짓말을 해서 엄마에게 크게 혼이 나도 아이는 울면서 엄마 품에 안긴다. 아빠가 옆에서 달래도 아이는 엄마 품만 찾는다. 엄마와 아이는 닿는 면적이 그동안 많았다. 그래서 신뢰하고 더 친밀감을 갖게 된다. 닿는 면적을 조금씩 넓혀보자! 처음부터 쉽지는 않겠지만 포기해서는 안 된다.

부모와 자연스럽게 포옹하고 스킨십이 많은 아이는 부모와 훨씬 많은 대화를 한다. 그리고 친근한 감정을 쉽게 표현한다. 어렵고 힘든 일이 생길 때 먼저 상의한다. 반대로 부모와 스킨십이 전혀 없고 포옹하지 않는 아이는 갈수록 부모와의 대화가 적어진다. 필요한 말만 하게 되고, 집에 오면 인사만 하고 방으로 들어가서 잘 나오지 않는다. 대부분 어렵고 힘든 일이 생겨도 부모에게 말하지 않는다.

닿는 부분의 차이는 일상에서 친밀감의 차이를 확연하게 나타내주기도 한다. 반가움의 인사를 보면 쉽게 알 수 있다. 그저 어색한 사이지만 반가움을 표현할 때 우리는 "안녕하세요! 반갑습니다!"라고 말하며 고개를 잠시 숙여 인사한다. 그러면 좀 더 반가운 사람은 어떨까? 손이라도 잡으며 반가움을 표현한다. "어이구! 반갑습니다." 상대도 최소한 그 만큼에 반가움을 표현할 것이다. 정말 반가운 사람은 어떨까? 10년 만에 정말로 보고 싶었던 친구를 봤다면 어떨까?

그저 그런 인사처럼 무덤덤하게 '반갑다!'라는 말만 할까? 아마도 얼싸안고 방방 뛰며 손뼉도 마주치며 "반갑다! 친구야!"말할 것이다. 닿는 면적의 차이는 상대가 나에게 갖는 친밀감의 정도를 표현하지만 반대로 친밀감을 높이기 위해 조금 더 다가가는 모습이 필요하다.

강의를 할 때면 이런 제안도 해본다. "일주일에 한번 정도는 하이파이브하면서 인사를 나눠보세요! 어색한 모습에서 더 밝고 친근한 모습으로 바뀔 수 있습니다."

가정에서도 포옹이 어색하다면 먼저 하이파이브부터 해보자! 행복한 가정 만들기, 펀(Fun)경영과 관련된 강의에서는 '고마워! 미안해! 사랑해!'하며 서로 안아주는 시간도 가져본다. 처음에는 양팔을 벌리고 먼저 다가오기를 기다리는 모습이 많아서 상대의 눈치만 보다가 팔만 흔드는 모습을 볼 수 있다. 하지만 "먼저 다가가세요!" 말하는 순간 와락 안아주는 모습을 보게 된다. 그 순간 사람들의 얼굴에는 어색함은 없다. 웃음이 있다. 기분이 좋아진 사람들은 상대를 안고 방방 뛰기도 한다. 모두다 서로에게 더 큰 친근함을 느끼게 된다.

오늘은 가족을 한 번 꼭 안아보자! "미안해! 고마워! 사랑해!"란 말과 함께...

4. 가족과 함께하는 여행을 가자

많은 사람들은 여행을 좋아하고 언제나 여행을 떠날 때면 아이처럼 신이난다. 여행은 지친 삶에 활력소가 된다. 가족과 함께하는 여행의 시간이 더 즐거운 변화를 위해 필요하다. 아쉽게도 이런 여행의 재미를 일찍이 알지 못했다. 명절 당일을 제외하고 하루도 쉬지 않고 장사를 하던 부모님의 영향으로 가족 여행은 생각하기 힘들었다. 그리고 가끔 친구들과 함께했던 여행에서는 술에 취해 비틀댔던 기억이 대부분이다.

여행에 대한 생각의 변화는 촌스럽게도 결혼 후에 생겼다. 처음 비행기를 탔었고, '언제 다시 갈 수 있겠냐?'하며 유럽으로 갔던 신혼여행, TV에서만 봤던 파리, 로마, 베니스의 풍경, 영화 속에서 봤던 장소들. 정말 잊지 못할 추억이었다. 신혼여행에서의 좋은 추억과 잊지 못할 아름다운 풍경이 지키지도 못할 허세를 부리게 한다.

"다음에 또 오자!"

둘째 아이의 출산을 4개월 남긴 아내가 이런 말을 했다.

"임신했는데 선물 없어!"

"선물은 무슨... 벼슬했냐?"

그리고 며칠이 지났다. 홈쇼핑에서 "아바타 촬영지로 유명한 중국의 명산..."하며 중국 관광 상품을 판매하는 방송을 보다 문득 아내에게 말했다.

"우리 저기 갈까?"

영화 '아바타'의 환상이 저지른 실수였다. 순간 여행 경비를 생각하니 캄캄했다. '그 돈이면...'

아내는 그 말을 놓치지 않았다. 누가 놓치겠는가?

"정말! 좋지!"

화색이 돌며 환하게 웃고 좋아하는 아내를 보니 아쉽지만 돈 생각은 접어야했다. 다행인건 임신 때문에 힘들 수 있다고 아내가 제주도로 행선지를 바꾼 것이다.

아들이 비행기 밖을 보면서 "아빠! 바다! 풍덩!"하며 하는 말, 신나서 뛰어다니던 제주도의 여러 박물관, 돌고래 쇼를 보고 공만 보면 공중에 들고 있으라는 아들의 쉽게 알아챌 수 없는 주문, 해수욕장의 차고 거센 바다 바람 때문에 모자를 푹 눌러쓰고도 너무 좋다며 아이처럼 웃는 아내의 표정. 이 모든 것이 미소를 만들어준다. 행복하다.

가족과 함께하는 여행은 그 어떤 시간보다 소중하다. 소중한 시간 더 즐거울 수 있도록 서로를 배려해야 한다. 그래야 즐거운 변화가 생긴다.

즐거운 휴가 보내는 법

들뜬 마음으로 휴가날짜만 기다리다 막상 떠나는 여행길에서 밀려오는 짜증으로 때론 가족과의 다툼이 생기기 마련이다. 감정에 멍이 들어서 '다시는 가족과 휴가를 가지 않겠다.'하는 마음의 상처를 남기지 않기 위해 서로 배려하고 이해하려는 마음가짐이 여행이나 휴가에서 더욱 필요하다.

휴가지로 떠날 때 짐을 정리하고 문단속을 철저히 하고 가스나 전기제품의 안전을 확인한다. 그리고 대부분의 남자들은 짐을 차에 싣고 가족들이 빨리 차에 타기를 기다린다. 오랜 시간을 기다렸는데 가족이 집밖으로 나서지 않으면 슬슬 짜증이 난다. 그래서 집안으로 들어가 보면 옷도 제대로 입지 않은 아이들은 정신없이 뛰어다니고 그런 모습에서 옷을 입히려는 엄마의 고성은 끊이질 않는다. 도와주지 않는 남편에 대한 불만이 터져 나오고 아이들에게 불똥이 튀기 시작한다. 우는 아이 그리고 엄마의 고성과 아빠의 짜증...

오랜만에 떠나는 가족여행임을 상기하며 그래도 웃으며 출발한다. 흐르는 음악소리가 입과 몸을 움직여 다시 즐거운 휴가는 시작되고 고속도로로 들어서 쌩쌩 달리는 차안은 '이제야 휴가를 가는구나!' 생각하게 한다. 하지만 그것도 잠깐, 꽉 막힌 도로에서 운전자는 짜증이 난다. 여기서 잘못 건들이면 집으로 돌아갈 수 있다.

예상보다 조금 늦게 도착한 휴가지에서는 맛있는 저녁식사와 함께 가족 간의 즐거운 대화가 오간다. 술을 한잔 하면서 분위기는 더욱 좋아진다. 그런데 때론 지나친 음주가 가족 간의 대화에 찬물을 끼얹고, 친목을 위해 함께한 고스톱에서는 감정에 균열이 생기기도 한다. 물론 모두 그렇지는 않지만 흔히 볼 수 있는 휴가 풍경이다.

이처럼 행복하고 즐거워야 하는 휴가에 항상 즐거움만 있지는 않다. 때론 서로에게 실망감, 짜증스런 마음을 갖기도 한다. 서로 상처주지 않고 휴가를 즐길 수 있는 방법에는 어떤 것들이 있을까 생각해 보자!

가장 중요한 것은 상대를 배려하는 마음이 필요하다. 스스로 '덥다 그래서 짜증난다.'고 느끼는 만큼 상대방도 '덥고 짜증낼 수 있다.' 생각해야한다. 더울 때는 다른 사람의 잔소리가 더 듣기 싫어진다.

잔소리는 줄이는 것이 대화에서 반드시 필요하다. 더불어 운전 중에는 운전자에게 "이쪽으로 저쪽으로..." 등의 지시하는 말은 삼가고 졸음을 떨치는 대화가 안전을 위해 필요하다. 또한 '아이는 엄마가 본다.'는 생각에 술자리, 고스톱에만 집중하는 아빠의 모습은 휴가 후 부부싸움의 원인이 될 수 있다. 재충전과 가족과의 행복한 시간을 보내기 위해 떠나는 휴가! 하지만 모든 휴가가 즐겁게 끝나지는 않는다. 서로 배려하고 이해하려 노력할 때 다음이 기대되는, 행복한 휴가가 되지 않을까 생각해본다.

일곱 번째 변화

웃음이 더 필요하다

최근에는 웃음에 관련된 자료들을 정말 많이 볼 수 있다. 서점, 인터넷, 강좌 등... 웃음은 기쁨의 표현이며, 그런 기쁨의 감정이 얼굴에 나타나는 표정이나 소리가 바로 웃음이다. 쾌적한 정신활동에 수반되는 감정의 반응이고, 고정관념이 사라질 때 나타나는 놀람의 소리다. 웃음은 기분이나 분위기를 좋게 만들어주는 것 외에 실제로도 인체에 긍정적인 영향을 미친다는 것도 많이 알고 있는 사실이다. 그런데도 우리가 웃음에 인색한 이유는 무엇일까? 아마도 체면과 시선을 중요시하고 진지한 표정을 지으면서 얼굴과 몸이 굳어 버렸기 때문은 아닐까? 이렇게 웃고 싶을 때조차 마음대로 웃지 못했던 그리고 웃음을 잃어 버렸던 많은 사람들. 더 즐거운 변화를 위해서 우리는 분명 더 웃어야 한다. 더 밝고 즐거운 표정이 필요하다. 행복과 건강 그리고 즐거운 변화를 위해 주도적인 웃음의 실천이 필요하다.

1. 즐거운 표정에 투자하라

사람을 가장 기분을 좋게 하는 표정이 어떤 표정일까? 모두 '미소, 웃음'이라고 답한다. 미소, 웃음은 현대사회를 살아가는 모든 사람에게 반드시 필요한 요소다. 취업을 앞두거나 사업을 하시는 분들은 미소로 표현되는 밝은 표정의 필요성은 아무리 강조해도 지나치지 않는다. 현대인의 만병의 근원인 스트레스를 이겨내기 위해서 억지로라도 자주 웃는 모습이 필요하다. 즐거운 표정을 갖고 있는 분들은 활기가 넘치고 좋은 기운을 갖고 있다. 그래서 우리는 그런 사람이 항상 옆에 있기를 희망한다. 그래야 스스로가 더 즐거워질 수 있기 때문이다.

많은 사람들에게 평소 '웃어야 한다'고 강조한다. 그래야 더 행복하고 즐거워질 수 있음을 알면서도 잘 실천하지 못한다. 그 이유는 무엇일까? 얼굴에 미소를 띠는 일은 너무 쉽다. 그래서 많은 사람들은 필요에 의해서 자신은 언제나 미소를 가질 수 있다고 생각한다. 하지만 여기엔 우리가 쉽게 간과하는 함정이 있다. 얼굴에는 대략 80여 개의 근육이 있는데, 이중 미소에 쓰이는 근육은 15개 정도라고 한다. 근육도 평소 잘 쓰던 근육이 쉽고 편안하게 움직일 수 있듯이 평소 미소에 필요한 근육을 잘 움직여야 더 편안하고 좋은 미소가 만들어진다.

대학에서 강의할 때, 취업을 앞둔 학생들에게 평소 미소, 웃음연습을 하라고 강조한다. 긍정적 변화, 밝은 표정을 만드는데 효과가 있어서이다. 하지만 대부분의 학생들은 반응하지 않는다. 당장 필요함을 느끼지 못하기 때문이다. 그리고 대부분 학생들은 면접을 앞두고 집에 혼자 있을 때 거울 앞에서 미소연습을 한다. 편안한 장소에서 연습을 하기 때문에 표정이 아주 좋다. '나 정도면 뽑히겠지?'라고 생각하고 자신의 미소 띤 얼굴에 자화자찬을 늘어놓는다. 하지만 면접 장소는 그런 편안한 자리가 아니다.

막상 면접 장소에 들어가서는 미소를 띠려고 입 꼬리는 최대한 올리고, 눈도 나름대로 초롱초롱한 눈빛을 보이려 노력하지만 꼭 합격해야 한다는 부담감과 절박함에서 오는 긴장된 마음이 올린 입 꼬리 끝을 조금씩 떨리게 하고, 눈은 긴장한 표정이 역력하기 마련이다. 이럴 때 나오는 미소를 '썩소'라고 말하고 싶다. '썩소'란 '썩은 미소'를 가리키는 말이다. 어쩌면 무표정이 나올 지도 모르겠다. 이런 어색한 표정이 나오지 않으려면 평소 꾸준한 연습이 꼭 필요하다.

몇 년 전 '스펀지'라는 방송프로그램에서 '얼굴 표정 예뻐지는 법'에 관한 방송을 했다. 그 프로그램에서는 무표정한 실험남녀들을 '개구리 뒷다리~'라는 발음을 꾸준히 2주 동안 연습 시키고 2주 후에 표정의 변화를 보여주었다. 예상대로 표정은 정말 달라졌다. 처음의 무표정하고 무뚝뚝했던 참가자들이 정말 다른 사람처럼 친근해 보이고 편안해 보이고, 자신감이 넘쳐 보여 호감을 주는 모습을 볼 수 있었다. 여기서 2주라는 시간에 주목한다. 미소를 만들기 위해 쓰이는 근육은 적어도 2주 이상 꾸준히 움직여야 자연스런 표정이 연출 될 수 있다는 점이다. 지금부터 2주 동안 여러분도 미소, 즐거운 표정의 변화에 투자해보자! 즐거운 표정이 여러분 주변의 주파수를 바꿔놓아 보는 사람마다 웃는 얼굴을 더 쉽게 보게 될 것이다. 주변 사람들이 웃고 있는 모습이 많아지면 일상의 긍정과 즐거움의 에너지는 더 커지고 하는 일마다 왠지 잘 풀리는 느낌이 팍팍 와 닿을 것이다.

'표정이 밝아야 하는 일이 모두 잘 풀린다.'는 사실은 모두가 인지하는 부분이다. 알고 있는 것을 실천하는 것이 변화의 시작이다. '미소가 필요하다.'라고 알고 있지만 말고, 흔히 알고 있는 '김치~, 치즈~ 위스키~' 한 번 해보자!

밝은 미소는 "나는 당신에게 호감을 갖고 있습니다."라고 하는 것과 같다. 호감을 갖고 있는 사람에게 무언가 베풀어주고 싶은 마음이 드는 것은 인지상정이다. 불황속에서 취업성공을 위해, 일과 사업의 성공과 번창을 위해 미소를 연습해야 한다. 바로 옆에 있는 사람의 얼굴을 한 번 봐라! 그 사람이 미소 띠고 있다면 그것은 당신의 얼굴에 밝은 미소가 있기 때문이다.

2. 소(笑)하면 통(通)한다

"진정한 성공은 얼마나 많이, 자주 웃느냐로 알 수 있다." 영국의 유명한 시인 에머슨이 한 말이다. 웃음 강사들은 이런 말을 자주 한다. "웃으면 성공합니다." 정말이지 요즘은 많이 웃고 또 웃기면 성공하는 시대인 것 같다. 그래서 대학, 기업, 관공서, 단체 등의 강의도 즐거운 펀(Fun), 웃음, 유머 강의가 가장 인기 있는 강의 중 하나로 자리 잡아가고 있다.

많은 사람들이 고객만족과 매출향상을 위해서 반드시 '웃음이 필요하다!' 생각은 하고 있다. 사업 초반에는 모든 사람에게 친절하고 웃는 얼굴을 보이다가도 시간이 지나면 구매할 사람이다 싶은 사람들에게만 웃음을 보인다. 초심을 잃지 않고 웃는 얼굴로 마주하고, 고객과 즐거운 주파수를 맞춘다면 지속적이고 더 좋은 효과를 기대할 수 있다.

잘 웃는 사람은 상대에게 편안함과 호감을 준다. 고객의 마음에 편안함과 호감은 고객의 지갑을 여는데 굉장히 중요한 부분이다. 사람들은 95%의 이성으로 판단하고 5%의 감성으로 구매한다고 한다. 5%의 감성을 움직이는 것이 바로 호감을 주는 표정에서 시작되지 않을까? 상품보다는 웃음을 통해 나눌 수 있는 성품을 팔 때 고객을 얻고 장기적 측면에서 매출 향상에도 도움이 될 것이다.

웃음이 있는 리더는 조직 구성원에게 사기진작과 행복함을 부여하고 소통하는 힘과 직원들의 수행능력향상에도 큰 힘을 줄 수 있고 현대인에게 만병의 근원이라고 말하는 스트레스를 진정시키는 데도 분명 큰 도움을 줄 수 있다. 존경받는 리더가 되기 위해서는 매번 꾸중과 질타만 해서는 안 된다. 잦은 꾸중보다 때로는 웃는 표정으로 칭찬하는 말 한마디가 더 필요하며 이런 노력은 구성원에 대한 관심과 애정에서 시작된다. 리더의 관심과 칭찬은 임금보다 더 큰 충성도를 가져다 줄 수 있다. 그래서 최근에는 펀(Fun)리더십, 즐거운 커뮤니케이션, 유머 등이 리더에게 필요한 덕목이 되고 있다.

'고용 없는 성장의 시대'라는 말이 신문, 뉴스 등에서 많이 거론된다. 분명 경제는 성장하는 데 청년 실업은 줄어들지 않아 일자리를 찾기 위해 안간힘을 쓰는 사람들을 주위에서 많이 볼 수 있다. 많이 힘들어하고 지쳐있는 구직자들에게 강의 중에 언제나 웃음을 잃지 말라고 조언한다.

만약 여러분이 기업의 리더라면 어떤 사람과 일하고 싶을까? 학점, 자격증, 외국어 능력이 뛰어나다고 해서 무조건 그런 사람과 일하고 싶다고 말하지는 않을 것이다. 함께 있으면 즐거운 에너지가 있어서 활기가 넘치고 항상 밝은 표정과 긍정의 마인드를 소유한 사람, 누구나 이런 사람과 함께 하기를 원한다. 그래서 힘들더라도 기운내서 웃음을 잃지 말라고 조언한다.

'笑하면 通한다.' 공감은 하지만 웃기가 어렵다고 한다. 왜 그럴까? 아마도 웃음의 필요성과 중요함은 알고 있지만 현실적으로 너무 힘들고 바쁘기 때문은 아닐까? 그러나 조금만 생각을 바꾸면 웃음도 그렇게 어렵지만은 않다.

이런 사람들이 더 웃어야 한다.

1. 웃고 있는 아이를 보고도 웃지 못하는 사람

2. 재밌는 방송을 보며 웃고 있는 옆 사람에게 "저게 웃기냐?"물어보는 사람

3. 하루 종일 가정에서 웃음을 보지 못하는 사람

이 3가지 안에 한 가지라도 포함된다면 웃음에 상당히 인색한 사람이다.

첫 번째 웃는 아이를 보고 웃지 못하고 오히려 짜증난다고 말하는 사람을 본적은 없다. 있다면 이건 정말 심각하다. 대부분은 엄마 품에 안겨있는 아이들만 봐도 순간 순수하게 웃고 있는 자신을 발견하게 된다.

두 번째는 사실 일상에서 자주 볼 수 있다. 방송을 보면서 재밌어서 깔깔거리며 웃고 있으면 꼭 김새게 말하는 사람들이 있다. "저게 뭐가 웃겨? 왜 웃는지 모르겠다."이런 말을 하고 있다면 조금 지양하고 그냥 웃어 보자. 왜 재밌는지 점점 느끼게 될 것이다.

마지막으로 하루 종일 가정에서 웃음을 보지 못하는 사람은 정말 먼저 웃는 모습이 필요하다. 가족의 표정의 원인은 당신이 제공하고

있을 수 있다. 거울의 효과를 생각하면서 먼저 웃는 모습이 필요하다. 그래야 가족과 조금씩 통하는 느낌을 갖게 될 것이다.

한 사람이 평생을 살아가면서 웃는 시간은 평균 100일이 되지 않는다는 이야기를 들은 적이 있다. 반면 우리가 무의식 중 코를 파는데 쓰는 시간은 평생 150일 이나 된다고 한다. 웃어야 한다. 지금 바로 미소 띠고 웃는 실천이 더 필요하다. 웃음을 통해 성공의 에너지, 즐거움의 에너지를 가져야 한다.

4. 웃음의 주인은 바로 당신입니다

강의 중 청중들에게 물어본다.

"웃음이 건강에 좋을까요?"

청중들은 당연하다는 듯 대답한다. "네"

또 물어본다. "그럼 웃음은 일터, 가정에 필요할까요? 필요 없을까요?"

청중들은 이제는 귀찮다는 듯 답합니다. "필요합니다."

너무 당연한 질문에 귀찮아하는 청중에게 양해를 구하며 마지막으로 질문을 던진다. "그럼 웃음의 주인은 누구 입니까?"

순간 고민하는 청중들의 모습을 볼 수 있고, 한두 명씩 이런 답변을 하기 시작한다. "저요! 자기 자신이요! 본인입니다! '나'입니다."

전국을 다니며 강의를 할 때 언제나 '저요! 자기 자신이요! 본인이요.'라고 대답하는 사람들을 많이 볼 수 있다. 그러면 다시 그 분들에게 이렇게 물어본다. "혹시 '자기 자신입니다.'라고 대답하는 순간 스스로에게 거짓말하지는 않았는지 생각해보세요!"

여기저기서 고개를 끄덕이는 청중들의 모습을 볼 수 있다. 무언가 깨달았다는 듯 웃음을 보이는 분들도 볼 수 있다.

우리는 웃음의 주인은 서슴없이 '자기 자신'이라고 대답한다. 정말 그럴까? 그러면 우리가 웃음을 선택할 때는 언제일까? '남이 나를 웃겨줄 때, 주위 환경이 나에게 웃음을 제공할 때' 우리는 비로소 웃음을 선택한다. 웃음의 주인은 자기 자신이라 답하면서도 말이다. 주도적으로 진정한 웃음의 주인 행세를 할 필요가 있다. 웃기는 상황, 웃을 수 있는 상황을 기다려서는 안 된다.

바람개비 사진을 보여주면서 "바람개비는 언제 돌아갑니까?"라는 어리석은 질문을 해본다. 초등학생도 바람이 불 때 바람개비가 돌아간다는 것쯤은 알고 있다. 그러면 바람이 불지 않는 날 바람개비를 돌렸던 어린 시절을 생각해보자. 어떻게 했을까? 입으로 "후~ 후~ 후~"하면서 바람을 불었을까? 아니면 바람개비를 들고 뛰었을까? 사실 두 가지의 모습을 다 해봤다. 바람이 불지 않는 날 우리는 바람개비를 들고 뛰었던 어린 시절이 있다. 그 순간 돌아가는 바람개비를 보고 마음은 어떠했는가? 짜증이 났을까? 아니다. 누구나 즐거운 마음, 신나고 기쁜 마음을 가졌다. 바람 불지 않는 날 바람개비를 들고 뛰면서 즐거웠던 그런 어린 시절이 있었다. 그것처럼 웃기지 않는 상황에서도 먼저 입 꼬리를 올리고 미소를 만들어보는 웃는 모습이 더 필요하다. 즐겁고 웃기는 상황에서 웃지 못하는 사람은 없다. 그렇지 않은 상황에서 더 웃을 수 있는 주도적인 모습이 삶을 변화시킬 수 있다. 주도적으로 웃어야 한다.

"웃음의 주인은 누구입니까?"

다시 물어본 이 질문에 "자기 자신이요!"라고 답했다면 그 증거를 지금 바로 보이자! 당신의 인생은 마음먹고 행동하는 만큼 더 즐거워진다.

5. 즐거움의 변화를 위해 유머를 자주 사용하자

흔히 유머는 '삶의 윤활유, 활력소'라고 말한다. 또 현대사회에서 유머는 성공하는 사람들이 반드시 갖춰야 할 대화법 중 하나다. 밝은 표정과 긍정적 사고를 갖고 있는 유머리스트가 되어야한다. 그래야 대인 관계를 개선하고 주변 사람과 좋은 관계를 유지할 수 있다. 유머는 노사갈등, 신구세대의 갈등, 가족과의 갈등 등 많은 관계 속에서 서로의 불신의 벽을 허물고 신뢰하고 소통할 수 있는 좋은 대화법이다. 빠른 변화와 무한경쟁사회에서 최고경영자, 영업사원, 자영업자, 공무원, 남성, 여성 등 모든 사람들은 유능하고 원만한 인간으로 살아가기 위해 전문적 능력을 키우는 것 못지않게 유머 능력을 키우는 일에도 관심을 기울여야한다.

강의 중 청중의 표정이 재미를 원한다는 느낌이 있을 때, 지루함을 느끼는 표정일 때 이런 질문을 해본다.

손바닥을 보여주며"5! 5! 5! 해보세요!"그리고 묻는다.

"리어카 바퀴 수는 몇 개일까요?"

아무 생각 없이 "4개요!"하는 대답을 쉽게 볼 수 있다.

"정답은 두 개입니다."하면 웃음이 나오기 시작한다. 웃음이 나온다는 것은 통하고 있고 청중은 마음을 열고 있다는 반증이기도 한다.

구직활동에서도 유머는 자신을 돋보이게 표현하고 인사담당자에게 호감을 주기에 충분한 대화법이 될 수 있다. 그래서 최근에는 이력서의 취미나 특기사항에 유머라고 적는 친구들도 볼 수 있다.

모기업의 면접에서 면접관은 응시자에게 이런 질문을 던졌다.

"면접을 진행하느라 면접관들이 모두 지쳐있습니다. 혹시 재미있는 유머로 면접관을 웃게 할 수 있습니까?"

이 질문에 한 응시자는 그럴 수 있다고 대답을 한다.

면접관을 당연히 "그럼 한번 해보세요!" 말했다.

말이 떨어지자마자 그 응시자는 "네, 알겠습니다."라는 대답과 함께 유머를 시작할 줄 알았는데 갑자기 의자에서 벌떡 일어나 면접 시험장 문을 열고 면접대기실을 향해 이렇게 소리 지른다.

"자! 오늘 면접 다 끝났습니다. 집으로 모두 돌아가세요!"

순간 면접관은 당황한 표정을 짓다가 바로 크게 웃었고 구직자의 순간 재치에 흐뭇해하며 합격을 시켰다는 이야기도 있다. 면접관은 아마도 '이 사람과 함께 일하면 즐거워지고 일터에 활력이 넘칠 것 같다.'라는 생각을 하지 않았을까?

"긍정적이고 부드러운 마인드를 가지고 있어야 유머감각이 살아난다."라고 어느 유머작가는 말한다. 그리고 "유머감각은 유머를 많이 아는 것도 아니고 유머를 잘 해서 많이 웃기는 것도 아니다. 유머감각은 바로 세상을 즐겁고 긍정적으로 바라보는 능력을 말한다."

퇴근길에 집에서 걸려오는 "어디야?" 전화 한통에 많은 남성들은 구속받는 것 같은 기분에 귀찮고 짜증나는 반응을 보인다. 퉁명스럽게 받기보다 빨리 보고 싶어 하는 가족에게 "어디긴 어디야! 당신 마음속이지!"라고 말할 수 있는 여유도 부려보자. 저녁시간이 즐거워지고 그 에너지는 가정, 일터에서 긍정적 변화를 가져다준다.

가끔 강의가 끝난 후 "유머는 어떻게 하면 잘 할 수 있습니까?"라는 질문에 저는 항상 이렇게 대답한다. "유머를 잘 하려면 먼저 재밌는 이야기를 들었을 때 바로 메모하고 집에 가서 가족에게 바로 활용하세요."

모임이나 회식자리에 가면 1차로 식사를 하고 맥주나 소주를 한 잔하게 된다. 그리고 다음으로 노래방을 찾는다. 노래방에 가면 누구나 자신만의 십팔번이라는 노래를 부른다. 그 노래는 누구보다 자신이 있고 심지어 가수보다 잘 부른다며 자랑하기도 한다. 자신 있는 십팔번 노래는 정말 수십 수백 번 불러봤을 것이다. 그래서 잘 하는 것이다. 유머도 처음에는 조금 서툴겠지만 메모하고 가까이에 있는 사람에게 바로 활용해보자. 몇 번의 실패도 있을 수 있지만 시간이 지나 정말 멋진 유머리스트가 될 수 있다.

유머를 사용할 때 당부 하고 싶은 것이 있다. 너무 웃음의 요소만 찾지 말길 바란다. 웃음을 만들어 내기 위한 유머는 사실 너무 어렵다. 많은 유머 책을 봐도 실상 일상에서 쓸 수 있는 유머는 얼마 되지 않는다. 그래서 웃음의 코드만 찾는 분들이 주로 선택하는 것이 '야한 유머'다. 이 '야한 유머'는 때와 장소에 따라 쓸 수 없을 수도 있다. 상대는 이야기를 듣고 웃고 있지만 한편으로 당신의 품격은 조금 떨어질 수 있다. 그래서 유머에 웃음의 코드만 찾지 말고 유머를 통해 얻을 수 있는 긍정의 에너지를 더 가져보자! 품격이 달라질 수 있다. 메시지 전달 능력이 좋아진다. 상대방이 여러분을 바라보는 시선이 달라 질 수 있다.

온 가족이 함께하는 시간에 먼저 알고 있던 유머를 실천해보자!

즐거운 변화는 시작될 수 있다.

* 더 즐거운 변화를 위한 유머

아주머니들에게 물어본다.
"다시 태어나도 지금 남편과 결혼 하시겠습니까?"
대답은 뻔하다. 생각도 필요 없다는 듯 대부분 이렇게 대답한다.
"제가 미쳤습니까? 못하죠!"
"차라리 독신으로 살겠습니다."

하지만 이런 대답도 볼 수 있다.
"다시 태어나도 남편과 꼭 다시 결혼하겠습니다."
의아해서 왜 그러냐고 물었더니 이런 대답을 한다.
"그래야 복수를 할 수 있으니까요."
반성과 깊이 있는 생각이 필요하다.

강의 중 남자들만 있어서 이렇게 물어봤다.
"사모님들에게 물어보면 절대 지금 남편과 다시 결혼하지 않겠다는 말을 들을 수 있는데 남자들은 어떻습니까?"
남자들은 여자와 다르게 서로 눈치를 보며 대답을 잘 하지 못한다. 4~5초 정도의 시간이 흐른 뒤 슬그머니 '다른 사람과도 살아봐야죠! 안한다. 못한다. 그래도 다시 결혼해야죠.'등의 작은 소리의 대답을 들을 수 있다. 워낙 소극적인 모습에 앞에 있던 한 사람이 이런 말을 한다.
"저는 다시 태어나도 지금 와이프랑 결혼 하겠습니다."
그래서 물어봤다. "사모님이 싫다고 하시면 어떻게 하시겠습니까?"
얼굴에 화색이 돌며 그 사람은 이런 대답했다.

"허허~ 그럼 고맙지요!"

여덟 번째 변화

스트레스를 이겨라

현대인은 살아가면서 자의건 타이건 많은 스트레스 요인에 노출되어 살아가고 있다. 스트레스를 얼마나 잘 이겨내느냐는 건강과 행복을 추구하는 모든 사람들에게 가장 중요한 문제다. 스트레스를 자주 받고 스트레스 때문에 삶이 힘들다면 스트레스를 이겨내기 위한 노력이 필요하다. 그래야 더 즐거운 인생을 살 수 있다.

1. 규칙적으로 할 수 있는 운동, 취미활동이 필요하다

당신은 매일은 아니더라도 적어도 일주일에 한 두 번은 시간을 내서 하는 운동이나 취미활동이 있습니까? 운동과 취미활동은 건강과 스트레스를 이겨내기 위해서 정말 필요한 시간이다. 알고 있는 이야기지만 정말이지 이것도 실천이 잘 안될 때가 많다. 생계를 위한 바쁜 경제활동으로 인해 특별한 운동도 하지 못하고 취미생활이 없다고 말하는 사람도 있다. 이것만 하다보면 시간 가는 줄 모르고 이것만 하다보면 정말 재미를 느끼는 그 무엇에 몰입할 수 있는 시간이 우리의 행복감을 키워준다. 몰입할 수 있는 그래서 즐거울 수 있는 운동과 취미활동이 스트레스 관리를 위해 반드시 필요하다.

건강한 삶이 가장 중요하다고 강조하는 말이 있다.

"돈을 잃은 것은 조금 잃은 것이요

명예를 잃은 것은 많이 잃은 것이요

하지만 건강을 잃은 것은 전부를 잃은 것이다."

스스로가 원하는 모든 것을 얻고도 건강을 잃게 되면 정말 아무 소용이 없다.

시청자의 눈물샘을 자극하고 조용히 화면만 쳐다보게 하는 감동적인 드라마나 영화에서는 간혹 이런 장면들이 나온다. 주인공이 온갖 어려움과 시련을 딛고 행복한 삶을 찾아서 '이제부터 행복하고 밝게 웃을 일만 남았다!' 하는 순간 고치기 힘든 큰 병에 걸렸다는 소식을 접하고 한없이 슬퍼하는 연기자를 보면서 함께 울었던 장면들이 있다. 우리의 삶일 수 도 있다. 건강! 건강할 때 더 지켜야 한다! 그래서 많은 분들은 평소 운동을 해야 한다고 생각한다.

임신한 아내가 걷기 운동을 해야 한다며 며칠 째 저녁 식사를 마치면 산책하자고 조른다. 어제는 내가 먼저 "산책하자!" 말했다. 처음 시작은 조금 귀찮았지만 제법 대화의 시간도 갖게 되고 즐거웠다. 큰 걸음으로 빠르게 걷지 못하는 아내 덕분에 천천히 많이 이야기를 해본다. 행복함을 느낀다.

아내의 결혼한 친구들과의 모임에서 남편들만 스크린 골프를 해봤다. 살아오면서 단 한 번도 해보지 못했고 항상 여유가 생기면 그때 해봐야지 하면서 골프클럽 한번 만져보지도 못했지만 처음 접했다는 기쁨과 재미, 신기함이 있었다. 하지만 결과는 당연히 꼴등! 남자라면 누구나 갖고 있을 승부욕 때문에 며칠 후 집주변의 골프연습장에 등록을 하고 운동을 시작했다. 굳어있는 몸은 유연한 골프 스윙과는 거리가 멀었다. 허리가 아프고 팔이 아프고 손이 아팠지만 그래도 즐거웠다. 야구를 할 때 느꼈던 감정처럼 공을 쳐내는 순간 무언가 모를 시원함을 느끼게 된다. 그래서 더 해보고 싶어진다.

한 번은 집에 있는 가구를 옮겨 아들의 놀이방을 만들어보기로 했다. 이른 저녁 식사를 마치고 2시간 정도를 쉼 없이 낑낑대며 가구를 옮기고 청소를 했다. 온 몸에 땀이 주르륵 흘러 내렸다. 그리고 아내에게 기쁜 표정으로 말했다.

"이제 다했으니까... 나 골프연습장 가도 되지?"

집안에서 아이 돌보느라 혼자만의 시간을 거의 보내지 못하는 아내에게 평소 미안함도 많아서 언제나 당당하게 연습장에 갈 수는 없었다. 아내는 내 모습과 표정을 보면서 골프 배우는 게 그렇게 즐겁냐며 웃으며 말한다.

"그래 가라! 가!"

골프연습장을 가는 발걸음이 가벼웠다. 나름의 성취감이 더 가벼운 마음을 만들어 줬다. 무언가를 하면서 즐거움을 느낄 수 있고 몰입할 수 있는 취미생활이나 운동을 시작해보자! 일상은 더 즐거워진다.

2. 눈물! 당당하게 흘려야한다

강의를 할 때면 언제나 긍정과 열정의 에너지를 잃지 않도록 당부한다. 긍정과 열정! 밝고 자신감 있는 모습은 성공을 위해 반드시 필요하다. 하지만 사람들은 항상 밝고 자신감 있는 모습으로만 살 수 없다. 그래서 마음속의 응어리진 감정을 털어내고 내면의 진실 된 힘을 얻을 수 있는 방법, 스트레스에 최고의 명약! '눈물'에 대해 이야기해본다.

사람은 태어나면서부터 누가 알려주지도 않았는데 갖고 태어나는 커뮤니케이션 방법이 있다. 그것은 바로 울음이다. 아이는 크게 울면서 태어난다. 그리고 한 동안은 배고프다 울고, 기저귀 갈아 달라 울고 짜증나도 울음으로 표현한다. 울음과 흘러내리는 눈물로 자신의 의사를 전달한다. 아이의 눈물은 참 솔직하다.

그러다가 시간이 지나 아이는 엄마와 아빠의 표정을 보고 웃음을 배운다. 아이의 웃음은 기쁜 감정을 표현한다. 또 해맑게 웃는 아이의 표정은 모든 사람을 기쁘고 편안하게 만들어준다. 아이의 웃음은 그 어떤 거짓도 없다. 그래서 아이의 웃는 표정을 보고 그 누구도 웃지 않을 수 없다. 웃음을 표현하면서 아이의 표현 방법은 한 가지 더 늘어난다.

그리고 시간이 지나 아이는 언어를 배운다. 그리고 주로 언어를 사용하면서 아이는, 우리 사람들은 점차 눈물과 웃음을 잃어가게 된다. 눈물과 웃음을 잃어가면서 다른 사람의 시선과 체면을 의식하면서 자연적으로 갖고 있는 치유력도 잃어간다.

우리는 다른 사람에게 좋은 모습으로 비춰지기 위한 노력을 계속

한다. 그런 노력을 통해서 좋은 대인관계를 만들어 갈 수 있다고 믿는다. 하지만 타인에게 비춰질 자신의 모습만 생각하면서 스스로 내재된 마음을 숨기고 거짓으로 웃기도 한다. 그런 모습이 현대인에게 굉장히 큰 스트레스와 우울증의 원인이다.

마음의 치유와 스트레스에 가장 좋은 것이 눈물이라고 한다. 슬프거나 힘이 들 때, 괴로울 때는 숨기지 말자. 체면 때문에, 나약하다는 생각 때문에 우리는 눈물을 쉽게 보이지 않는다. 가족의 눈물을 볼 때, 친구의 어려움을 하소연하는 눈물을 볼 때, 우리는 마음으로 분명히 같이 울어준다. 도와주고 싶고, 때론 도와주며, 잘 될 거라며 격려해준다. 하지만 대부분 겉모습에서는 눈물을 참으려 애쓴다. 눈주변은 벌겋게 상기되고, 목은 메여있지만 눈물을 보이려 하지 않는다. 왜 일까? 눈물은 정말 창피한 것일까? 그건 아마도 눈물에 대한 고정관념 때문이다. 나약해 보인다는 생각에 체면과 시선을 의식하고 슬픔을 감추려한다.

그래서 술을 빌려 눈물을 흘리는 모습을 많이 볼 수 있다. 그리고 술 때문이라며 쉽게 거짓말을 한다. 웃는 모습은 다른 사람의 얼굴에도 쉽게 웃음을 만들어준다. 웃으며 사는 인생을 누구나 꿈꾸기에 웃는 사람과 항상 같이 있고 싶어 한다. 하지만 항상 웃을 수는 없다. 힘들 때, 슬플 때 가끔은 감정에 솔직한 표현이 필요하다. 회사, 조직, 가정의 어려움이 있을 때 강한 리더의 모습만 보이려 애쓰지 말고, 정말 힘들 때 눈물을 숨기지 않는다면 구성원과 하나 되는 힘도 발휘할 수 있다.

울어야 건강해진다

다이애나 왕세자비가 교통사고로 사망했을 당시 많은 영국 사람들은 자신의 일처럼 슬퍼하고 애도했다. 당시 영국에서 정신과 상담을 받던 우울증 환자의 수가 50%정도 감소했다고 하고, 심리학자들은 눈물이 우울증에 효과가 있다고 말했다.

"남자들은 태어나서 딱 세 번 운다."는 말이 있다. 이런 이유로 남자는 눈물을 자주 참아내고 그래서 남자의 눈물을 쉽게 볼 수 없다. 반대로 감정에 비교적 솔직한 여자의 눈물을 더 쉽게 볼 수 있다. 강한 이미지의 남자도 더 울어야 한다. 그래야 건강해 질 수 있고 더 솔직해 질 수 있다.

예전에 케이블 방송국에서 방송하는 오프라윈프리 쇼를 시청하는데 기억에 남는 게스트가 있었다. 그 사람은 유방암에 걸려서 평범치 못한 생활을 하면서 남들보다 우는 생활이 많았다고 한다. 하지만 펑펑 울고 나면 무언가 응어리가 풀리고 비온 뒤의 맑은 느낌이 들기 때문에 우는 것을 좋아한다고 말했다.

SBS스페셜 프로그램에서 눈물에 관련된 방송을 한 적이 있다. '신이 내린 묘약! 눈물!'이라는 방송을 보면서 눈물은 제목 그대로 신이 내린 묘약일 수 있겠다는 생각을 해봤다.

일상에서 많은 스트레스 요인에 노출되어 있는 현대인들은 요가, 명상과 같은 심리요법, 웃음치료 등의 시간을 통해 스트레스를 이겨내기 위한 노력을 한다. 방송에서는 그 밖에 '울기 모임', '눈물 흘리는 심리요법' 등을 소개했는데 최근 많이 성행한다고 한다. 여러 사람들이 함께 모여서, 명상을 통해 감정적인 눈물을 흘리는 것이 울기 모임이다.

처음에는 웃는 것부터 시작해서 사람들과 스킨십도 하고 여러 가지 노래도 부르며 억지로 웃기 시작한다. 방송에서 비춰진 울기 모임에 참석한 사람들은 잠깐의 명상을 통해 갑자기 울음을 통해 감정을 마구 표출 하고 있었다. 놀라움도 있었고 신기함도 느껴졌다. 방송에서는 이렇게 감정적으로 울었을 때 눈물속의 성분은 수분과 다른 몇몇 성분들을 포함해서, '카테콜라민' 이라는 스트레스 호르몬을 몸 밖으로 배출한다고 한다.

'카테콜라민'은 인간이 스트레스를 받을 때 몸속에 대량 생성되는 호르몬으로 반복적으로 분비가 되면, 만성위염 등 소화기 질환은 물론 콜레스테롤 수치를 높여 여러 가지 질병을 유발시킨다. 그래서 스트레스를 받으면 소화가 잘 안되고 '위'에 무리가 온다. '카테콜라민'은 우리 사람들이 감정에 복받쳤을 때, 서러웠을 때, 슬플 때, 무서울 때 등등 감정적인 영향으로 나오는 눈물에 더 많이 포함 되어있어서 양파를 깔 때나 눈에 자극을 줘서 나오는 억지 눈물보다 감정의 변화로 인해 흘리는 눈물이 건강에 훨씬 좋은 요소가 된다고 한다.

또 방송에서는 아내와 사이가 좋지 못한 아버지가 두 아들에게도 따뜻하지 못했던 지난 몇 년 간을 후회하고 반성의 눈물을 흘리는 모습을 볼 수 있었다. 아버지의 눈물을 본 가족은 마음을 열고 서로 안아주고 이해하려는 모습을 갖기 시작한다. 방송을 보면서 '이것이 눈물의 힘이구나!' 생각하면서 찡한 마음에 눈시울이 붉어졌었다.

일본의 아리타 히데오 의대교수는, 뇌파, 안구운동, 심전도의 변화를 통해서 눈물을 흘리는 순간 인간의 스트레스가 극도에 달하다가 눈물을 흘린 직후 평상심의 상태로 돌아간다는 것을 밝혔고, “욘사마 배용준씨가 ‘겨울연가’로 한류열풍을 이끈 것도 배용준의 잘 생긴 외모보다 ‘겨울연가’의 슬픈 내용이 눈물효과를 일으켜서이다.”라고 말했다. 그러면서 많은 일본사람들은 현재 극도의 스트레스를 안고 있는데, 눈물샘을 자극하는 ‘겨울연가’의 서정적인 스토리가 우는 효과로 인기를 끌었다고 말했다. 아리타 히데오 교수는 울음에 관련되어 여자가 남자보다 더 많이 우는 건 단순히 눈물양이 많은 게 아니고 눈물샘에서 나오는 눈물이 미간 쪽에 하수구 역할을 하는 두개의 눈물관을 통과하는데 남자가 눈물관이 넓어서 눈물이 쉽게 빠져나가고 여자는 눈물관이 남자보다 다소 작기 때문에 눈물이 다 못 들어가서 많이 우는 것처럼 보인다는 것이다.

슬플 때 흐르는 눈물은 스트레스 호르몬을 몸 밖으로 배출하고 혈액순환에도 좋다고 한다. 성공을 위해 항상 웃고, 자신감 있는 모습만 보이려 애쓰지 말고 정말 힘들고 벅찰 때 가까운 사람에게 보일 수 있는 솔직한 눈물이 사람다움과 친밀감을 쌓는 데 정말 좋을 것 같다. 슬픈 때, 서러울 때 등의 감정을 언제까지는 숨길 수는 없다. 감추려 애쓰지 말자! 울고 싶을 때는 당당하게 눈물을 흘려보낼 줄도 알아야한다. 그래야 더 건강해 질 수 있다.

암 치료 전문의 이병욱 박사의 「울어야 삽니다」 중에 이런 글이 있다.

“어린 아이들의 반응은 눈치 보지도 않고 따지는 일이 없이 즉각적이고 순수합니다. 아프면 울고 신이 나면 웃습니다. 마음만 그런 것이 아닙니다. 피부에 상처가 나도 금세 낫습니다. 사람이 건강할 때는 마음과 육신이 모두 순수합니다. 그래서 상처를 입더라도 상처를 뒤덮을 만한 무언가가 주어지면 쉽게 낫습니다. 그것이 몸이든 마음이든 마찬가지입니다. 그런데 어른은 다릅니다. 누군가에게 상처를 받으면 그것을 마음 깊숙이 담아 둡니다. 속으로 울지언정 겉으로는 태연한 척하며, 앙갚음할 기회를 노립니다. 무슨 일이든 손익을 따져 계산합니다. 이렇게 어른의 마음은 상처와 아픔이 만들어 낸 수많은 생채기들로 가득합니다. 그것은 서서히 마음의 굳은살이 되어 마음을 돌덩이처럼 딱딱하고 메마르게 만듭니다.

그렇다면 어린 아이와 같은 순수한 마음과 영혼을 어떻게 회복할 수 있을까요?

언제 어디서든지 쓸 수 있는 아주 쉽고 간단한 비법입니다. 사람들은 이것을 두고'신이 내린 자연 치유제!'라고 부르기도 합니다.

그것이 바로 눈물입니다.

모든 긴장과 억압과 감정과 체면을 풀어놓은 채 마음껏 흘리는 눈물, 이런 눈물이 어린아이 같은 마음과 영혼으로 되돌아가는 길을 일러줍니다."

체면과 시선을 의식해 우리는 자연 치유력, 인간 본연의 능력을 점차 잃어간다. 건강을 위해 사람다움을 위해 행복을 위해 이제는 당당하게 눈물을 흘려보내야 한다.

더 즐거운 변화를 위한 유머

1. 사오정이 베스킨라빈스에 갔다.
점 원: 어서오세요. 베스킨라빈스입니다!
사오정: 저, 콜라주세요!!
점 원: 손님! 여긴 베스킨라빈스입니다. 콜라는 팔지 않습니다.
그러자 사오정 고개를 갸웃거리며..말했다.

" 어? 이상하다... 콜라 먹는 재미가 있다던데..."

2. 한 할아버지가 TV 건강프로그램을 보고 있는데 점점 얼굴이 일그러지며 심각한 얼굴이 되어갔다. 그 때 할머니가 들어와서 물었다.
"왜 그렇게 심각해졌어요?"
그러자 할아버지가 곧 죽을 것 같은 표정으로 말했다.
"응 아무래도 내가 저 병에 걸린 것 같아! 가끔씩 몸이 아프고, 쉽게 피곤하고 요즘에 밥맛도 없는 것이 저 병의 증세와 똑같아"
할머니도 걱정되어 함께 끝까지 프로그램을 보는데 마지막에 아나운서가 마무리하면서 한마디 했다.

"시청해주셔서 감사합니다. 오늘은 자궁암에 대해 알아보았습니다."

3. 직무스트레스 관리방안

직무스트레스 관리의 필요성

많은 사람들은 삶의 질을 향상하고 행복한 삶을 위해 일을 한다. 그리고 깨어있는 시간의 많은 부분은 일터에서 보낸다. 하지만 행복한 삶을 만들어 가기 위한 노력에 비해 우리는 상당히 많은 스트레스를 일터에서 받고 살아간다. 이런 스트레스의 요인들이 안전과 행복을 꿈꾸는 많은 직장인에게 부정적 영향을 줄 수 있다.

우리가 살아가는 데 있어서 일상의 평형을 깨트리는 외부자극을 흔히 스트레스라고 정의한다. 이런 스트레스는 동기부여를 제공하고 효율성을 높일 수 있는 긍정적인 면도 분명히 갖고 있지만 만병의 근원이라 불릴 만큼 부정적인 면으로 우리 삶에 더 많은 영향을 끼친다. 일터에서 직무를 수행하는데 있어서 받는 구성원의 스트레스는 산업현장에서 더욱더 많은 관심과 관리를 위한 노력이 필요하다. 일터에서 구성원이 받는 스트레스는 수행능력을 떨어뜨려 생산성의 저하의 효과를 발생시키고 스트레스로 인한 집중력 저하는 충동적 행동과 더불어 안전을 위협하는 원인이 될 수 있다. 또한 일터의 불만이 외부로 표출되면서 직장의 이미지에도 안 좋은 영향을 줄 수 있다.

2009년 연말 잡코리아에 따르면, 직장인 626명을 상대로 설문조사한 결과 74.4%(466명)가 회사 밖에서는 활기차지만, 출근만 하면 무기력해지고 우울해지는 '회사 우울증'을 겪는 것으로 나타났다. 이는 작년 같은 조사에서 나온 49.9%보다 많이 증가한 수치이다.

'회사우울증'의 원인은 직무스트레스 유발원인과 유사하다. 많은 직장인들이 일터에서 상당히 많은 스트레스에 노출되어 살아가고 있다. 회사에 출근하는 순간부터 우울해지는 위기의 직장인들의 스트레스 관리를 위한 노력이 절실히 요구된다. 직무에서 받는 스트레스는 신체적, 정신적 문제로 인하여 산업재해 증가, 약물남용, 충동적 행동, 수행감소, 결근과 전직 등의 현상을 야기할 수 있으며 직장인의 정신적 또는 육체적 건강과 직접적으로 관련되어 있다. 불안감, 긴장감, 우울증, 집중력의 저하 등은 개인의 '생활의 질'을 떨어뜨린다. 따라서 구성원의 스트레스 해소를 위한 관리자나 CEO의 관심 필요하다.

많은 회사에서는 면담을 통해 구성원에 적합한 직무를 부여하고 활기찬 일터를 만들기 위해 'FUN'경영을 실천하고 있다. 또한 구성원의 스트레스 해소와 관리를 위해 상담실을 운영하기도 한다. 상담실을 운영할 때는 반드시 상담내용에 대한 비밀을 유지하는 것이 필요하다.

가. 직장인들이 일터에서 받는 직무스트레스의 원인

- 동료와의 불편한 대인관계
- 미래에 대한 불확실성과 고용의 불안
- 작업환경의 열악함
- 직장 내 역할의 모호함
- 작업요구량의 과다 등

나. 스트레스의 반응

- 직접적 생리적 반응 : 팔다리에 힘 들어감, 소화 불량, 거친 호흡, 빠른 심장박동, 혈압상승, 동공확대 등

- 간접적 행동 반응 : 흡연, 음주, 폭식, 오락 등

다. 직무스트레스 관리의 필요성

- 구성원의 스트레스는 수행능력을 떨어뜨린다.
- 구성원의 스트레스는 집중력 저하, 충동적 행동을 유발해 안전을 위협한다.
- 구성원의 스트레스는 건강에 악영향을 끼친다
- 구성원의 스트레스는 직장 이미지에 안 좋은 영향을 준다.

라. 직무스트레스를 어떻게 풀고 있는가

저마다의 방식으로 직무스트레스를 풀고 있다. 개인적인 성별, 나이, 성격, 시간, 금전적 여유 등에 따라 다양하지만 대부분 여성들은 수다, 쇼핑 등의 모습이 쉽게 나타나며, 남성들은 흡연, 음주, 휴일에 몰아자기 등의 모습을 볼 수 있다. 그 밖에 동호회 활동이나 개인적 취미활동 등을 통해 스트레스를 풀기 위한 각고의 노력을 하고 있다.

스트레스에는 말을 많이 하는 것이 좋다. 말을 많이 하는 데는 남성보다 여성이 큰 힘을 가지고 있다. 수다 떨기를 좋아하는 여성에 비해 상대적으로 많은 남성들은 말을 아끼고 속마음을 감추는 경향이 많아 스트레스에 더 취약하다. 그래서 남성들은 속에 있는 말을 꺼내기 위한 촉매제로 음주를 많이 선택한다. 퇴근시간 이후에 동료나 주변 친구들과의 술자리를 통해 불만이나 스트레스 요인들을 토로하는 방식을 통해 스트레스를 해소하려 한다. 물론 그 순간의 스트레스를

해결하는 데 도움은 될 수 있지만 반복되고 지나친 음주가 오히려 건강에 안 좋은 영향을 줄 수 있으므로 일상의 즐거운 변화 긍정적 생각을 통해 스트레스를 관리하는 것이 더 유익하다.

직무스트레스 관리방안

스트레스를 받지 않고 평생을 살아가는 사람은 분명 없다. 누구나 스트레스를 받고 살지만 스트레스에 대한 반응과 관리방안은 다양하다. 스트레스를 잘 이겨내는 분들의 특징은 무엇보다 낙천적이고 긍정적 사고를 갖고 있다. 또한 남의 제안에 개방적이고 사고의 융통성을 가지고 있다. 그래서 이런 분들은 주위에 항상 도움을 받을 수 있는 좋은 인간관계가 형성되어 있다. 긍정적 사고와 좋은 사회적 지지체제는 스트레스 해소에 가장 좋은 요소이다.

가. 웃음으로 직무스트레스 관리하자

'웃을 일이 있을 때만 웃는다.'는 고정관념이 우리를 웃지 못하게 만들었다. 웃다보면 웃을 일이 생긴다는 신념을 가지고 웃어야 한다. 몇 년 전부터 많은 방송, 매체, 교육 등에서 웃음의 긍정적 요인과 관련하여 많은 정보를 제공해왔다. 웃음에 대한 고정관념을 버리고 웃음의 진정한 주인 행세를 통해 만병의 근원이라 이야기 하는 스트레스에 대한 스스로의 면역력을 키우는 것이 필요하다.

웃음은 일터에서 반드시 필요하다. 사람의 얼굴에는 '거울의 효과'가 나타난다. 우리가 거울을 바라보면 있는 그대로의 모습이 거울에 비치듯이 사람의 얼굴에는 마주하고 있는 사람의 얼굴이 고스란히 나타난다. 일터에서 당신의 무표정한 모습이 다른 동료의 얼굴에도 그런 모습을 만들게 된다. 반대로 당신의 웃는 모습, 미소는 동료의 얼굴에도 웃음과 미소로 나타나게 된다. 미소나 웃음이 많은 일터는 즐거운 주파수가 공유되면서 그 웃음만큼 활기차고 신바람 나는 모습을 만들 수 있다.

평소 개인과 조직의 변화를 위해 일터에서 많이 웃기위한 방법으로 항상 마음속에 '웃음 약속선'을 그리라고 주장한다. 일터에서 자주 지나다니는 길목에 마음속으로 웃음 약속선을 그려놓고 그 선을 넘나들 때, 주변에 사람이 있으면 얼굴에 미소를 만들어 보고 주변에 사람이 없으면 그냥 크게 한번 웃어보는 실천을 통해 일상의 웃을 일을 몇 배 증가시킬 수 있다.

나. 동료와의 지지 체제를 강화하자

스트레스에는 말을 많이 하는 것이 좋다. 스트레스 때문에 병원을 찾는 사람들의 대부분이 말할 대상이 없어서 병원을 찾는다고도 한다. 근심, 고민거리를 털어놓을 수 있는 좋은 주변 사람과의 관계, 그리고 조언과 격려를 해줄 수 있는 주변의 지지체제가 강화될 때 스트레스를 이겨내는 큰 힘을 가질 수 있다. 그러기 위해서 친목모임, 종교활동, 취미활동이 도움이 될 수 있고 무엇보다 일터에서 동료들과의 좋은 관계가 필요하다. 일터에서 받는 직무스트레스는 혼자 해결하는 것 보다 주변 동료와 함께 해결할 때 우리는 훨씬 많은 스트레스 요인을 해결할 수 있다.

동료와의 지지 체제를 강화하기 위한 노력으로 첫 번째 대화에서 항상 경청하는 노력이 필요하다. 맞장구를 쳐주면서 동료의 말에 귀 기울여 줄 수 있는 노력이 지지 체제를 강화하는 가장 좋은 방법이다.

두 번째로 동료들과 지지 체제를 강화하고 친밀감과 유대감을 높이기 위해서는 닿는 부분을 넓이는 것이 필요하다. 사람은 닿는 부분이 넓어질수록 친밀감이 향상된다. 그래서 동료들과 하이파이브를 하거나 때론 피로를 풀어주기 위한 방법으로 어깨나 등을 두드려 주는 행동이 필요하다. '수천마디의 말 보다 때론 한 번의 포옹이 더 많은 것을 표현한다.'는 말처럼 힘겨워하는 동료에게는 따뜻한 포옹도 필요하다.

세 번째 동료들과의 지지 체제를 강화하기 위해서 대화에서 칭찬과 유머가 필요하다. 칭찬은 직장에 대한 만족감을 향상시켜준다. 직장에 대한 만족도가 높아지면 그만큼 직무스트레스는 줄어든다. 또한 유머는 불안과 우울한 감정을 진정시켜주고 삶에 활력과 대화에 윤활유 역할을 할 수 있으며 대인관계의 개선에도 도움이 된다.

다. 긍정의 언어를 사용하자

많은 사람들은 자신의 삶의 목표가 행복이라고 말한다. 그렇다면 어떠한 순간이든지 자신에게 유리한 긍정적인 말을 먼저 해야 한다. 잠재의식에 무엇을 심느냐에 따라 결과물도 달라진다고 말한다. 스스로의 잠재의식에 긍정의 씨앗을 뿌려보자! 말의 기운이 변화를 가져다 줄 것이다. "난 행복하다. 나는 매일 매일 모든 면에서 점점 더 좋아지고 있다."

라. 스트레스에 좋은 음식

- 검은깨, 호두 등과 같은 견과류

- 대추, 꿀 등의 자연스런 단 맛을 내는 식품 : 장부와 심신의 긴장 풀어줌.
- 씀바귀와 같은 쓴 맛의 채소 : 분노로 인해 생긴 화를 다스리는 효과
- 메밀, 녹두처럼 해독 작용이 있는 식품 : 병리적인 산물을 없애주는 작용.

단, 스트레스를 받는다고 해서 지나치게 단 것을 섭취하면 속이 더부룩 해지고 담(痰)이 생길 수 있으므로 주의해야 하며, 스트레스로 인한 우울증인 경우에는 설탕을 과량 섭취하면 우울증이 악화되므로 피해야 한다.

긍정적 사고를 통한 실천이 필요하다

많은 사람들은 긍정적인 시각과 사고는 행복의 기본이라고 말한다. 하지만 우리는 때로 부정적인 생각에 사로잡히며 스트레스와 근심, 걱정에 휩싸인다. 스트레스가 만병의 근원이라 알고 있지만 너무 많은 부정적 생각들이 우리의 일상을 어둡게 하고 일에 대한 수행능력을 떨어뜨리고 충동적 행동을 만들어내기도 한다. 따라서 사건과 사물을 바라보는 관점을 긍정적으로 해석하고 스스로의 스트레스를 해소하고자 하는 실천과 행동이 필요하다.

전하경씨의 「가끔은 한번씩」이라는 시에 이런 구절들이 나온다.

'가끔은 한번씩 큰소리로 웃어보자!'

'가끔은 한번씩 가슴 터지도록 통곡해보자!'

눈물은 태어나면서 누가 가르쳐 주지 않아도 갖고 태어나고, 또 웃음을 가장 먼저 배우는 커뮤니케이션 수단이며 감정과 의사를 표현한다. 시간이 흘러 언어를 습득하고 언어를 주로 사용하면서 점차 우리는 웃음과 눈물을 잃어간다. 단순히 커뮤니케이션적인 웃음과 눈물을 잃는 것이 아니라 인간 본연이 가지고 있는 자연치유적 능력을 잃는 것이다. 웃음이 필요할 때는 크게 웃어도 보고 슬픈 감정이 느껴질 때 흐르는 눈물을 감추려 하지 않는, 감정에 솔직해질 때 스트레스를 이기는 큰 힘을 얻을 수 있다.

'가끔은 한번씩 내면의 속삭임을 들어보자!'
'가끔은 한번씩 오솔길을 걸어보자!'
'가끔은 한번씩 주위를 둘러보자!'

바쁜 일상에서 「가끔은 한번씩」이라는 시의 내용처럼 사색과 명상의 시간도 가져보고 산책과 여행의 시간을 통해, 나눔의 시간을 통해 마음의 여유를 찾아보면 행복감과 성취감은 훨씬 커질 수 있다.

세상에는 3가지 소중한 '금'이 있다고 한다. '소금', '황금', 바로 '지금'이다. 핑계와 변명으로 내일, 또 내일 미뤄왔던 일상이 아닌 바로 지금부터 하나하나 실천하는 모습을 통해 직무스트레스를 이겨내는 큰 힘을 만들어 보자. 지금 바로 옆에 있는 가족이나 동료에게 미소를 보이자! 즐거운 변화는 지금부터 시작된다.

별책부록

성공취업을 위한 조언

예전 대학의 모습과 지금 대학의 모습은 분명한 차이가 있다. 과거의 대학생들은 낭만과 사회적 고민이 앞섰다면 최근 대학생들의 모습에는 취업을 위한 처절한 몸부림이 있다. 이십대 태반이 백수라는 신조어 '이태백'처럼 되지 않기 위해 정말 열심히 노력하고 있다. 학점, 자격증, 토익시험 등을 위해 도서관에는 빈자리를 쉽게 찾아 볼 수 없을 정도다. 이렇게 어렵다 생각하는 취업에 대한 이야기를 해본다.

대학에서 강의를 할 때 항상 취업은 'Sale'이라고 말한다. 지난 20여 년 동안 만들어 왔던 '나'라는 상품을 취업시장, 노동시장에 판매하는 것이 바로 취업이다. 우리가 물건을 구매할 때와 마찬가지로 취업에도 똑같은 모습이 있기 때문이다. 물건을 구매할 때 브랜드, 기능, 디자인 등의 요인을 고려하여 필요한 만큼의 물품을 구매하는 것처럼 기업이나 단체가 인재를 채용하는 부분에서도 비슷한 모습을 볼 수 있다.

기업의 입장에서 지원자의 브랜드(지원자의 출신학교 등), 기능(지원자의 전공능력, 자격증, 외국어능력 등), 디자인(호감 주는 이미지, 자신감, 열정 등)을 보고 채용을 결정한다.

마음에 드는 물품이 많으면 생각보다 많은 소비를 하고, 그렇지 못하면 적게 소비하는 것처럼 지원자 중 훌륭한 지원자가 많다면 모집

정원보다 많이 채용할 수도 있다.

취업을 준비하는 분들은 브랜드를 쉽게 바꿀 수 없다. 최소한 2~4년의 시간이 소요되기 때문이다. 그래서 많은 분들이 기능적인 요소를 추가하려 노력한다. 자격증을 따고 영어실력을 향상시키려고 매일 부단히 노력한다. 그리고 면접에서 호감을 주기 위해 표정, 자세, 매너 등의 이미지메이킹을 준비한다.

어떤 제품을 판매하는 세일즈맨을 생각해 보자. 세일즈맨이 자신이 판매하고자 하는 제품에 대한 이해가 부족하면 구매자에게 효과적인 설명을 할 수 없고 판매도 어려워진다. 취업도 먼저 자신에 대한 이해와 분석이 있어야 한다. 무엇을 잘하는지, 어떤 일을 할 때 성취감을 느끼고 행복한지, 어떤 장점이 있는지.... 먼저 자기 분석이 반드시 필요하다.

세일즈 하시는 분들은 항상 고객에 대한 정보를 가지고 고객의 필요성에 따라 제품을 설명한다. 따라서 고객에 따라 표현 방식이 달라진다. 이것처럼 구직자도 지원 회사에 대한 정보와 직무의 기본적 이해를 가져야만 인사담당자에게 효과적으로 어필할 수 있고 자신이 최고의 적임자임을 설명하기가 수월해진다.

고객과의 접점에서 제품을 설명할 때 항상 카탈로그나 홍보문서를 가지고 설명하는 세일즈맨을 볼 수 있다. 그것처럼 취업에도 홍보물이라고 할 수 있는 것이 있다. 바로 입사지원서류다. 구매자인 기업의 입장에서는 구직자가 제공한 입사지원 서류를 보고 정보를 얻고 또 궁금한 점은 물어볼 수 있다. 따라서 지원서 작성에도 심혈을 기울여야 한다. 마지막으로 고객과의 접점에서 밝은 표정과 예의 있는 자세, 효과적인 커뮤니케이션이 구매자에게 결정적 구매 욕구를 불러일으키듯이 취업에 있어서도 면접에서의 좋은 모습과 스피치, 호감 주는 이미지와 자신감 있는 스피치는 최종결정에 있어서 매우 중요한 요소다.

취업을 'Sale'의 관점으로 풀어봤다. 목표를 분명히 하고 계획적으로 준비해야 한다.

축구에서 배우는 것들

4년 마다 월드컵축구 때문에 밤잠을 설치던 사람들이 많다. 월드컵이 시작되면 일터, 학교에서 만나는 사람마다 대화를 축구로 시작하는 경우도 많다. 강팀이 상대적으로 약팀의 전략에 힘도 못쓰고 덜미를 잡히는 모습이나 세계 최고 팀의 경기력, 환상적인 스타플레이어의 경기모습, 팀의 불화로 인해 흔들리는 대표팀 등.... 정말 이야기 거리는 많다.

흔히 우리는 '공은 둥글다!'라는 표현을 많이 한다. 둥근 만큼 승부도 알 수 없는 것이라 말한다. 하지만 야구와 달리 축구는 팀 전력에 의해서 약팀이 강팀을 이기기 매우 어려운 경기 중 하나다. 하지만 지구촌 축제인 월드컵에서는 매번 이변이 있다. 그 이변에는 감독의 전술, 전략과 선수들의 정신력과 투지가 한 몫을 한다. 우리가 세상을 살아가는 데 있어서도 전술, 전략이라 말하는 비전, 계획과 '할 수 있다'는 정신력과 투지가 있다면 정말 못해낼 일도 없다. 약팀의 선수들은 정말 열심히 뛰어다닌다. 물론 강팀의 선수들도 그렇다. 하지만 약팀의 선수들은 분명 더 열심히 뛰어다닌다. 세상살이도 포기하지 않고 더 열심히 뛰는 노력이 필요하다.

축구경기를 보면 가끔 10명의 선수가 11명의 선수가 뛰는 팀을 이기는 경우도 있다. 1명이 부족한 상황에서 포기하지 않고 더 열심히 뛰는 모습에서 그리고 때론 그런 상황에서 승리하는 모습을 보면 항상 '부족하다고 실패하는 것은 아니다.'라고 느끼게 된다. 지금 무언가 부족하다해서 자기 자신이나 주변을 탓하기보다 주어진 환경에서 최선을 다하는 모습이 더 강한 모습을 만들어준다.

스타플레이어는 없지만 조직력이 좋은 팀은 언제나 좋은 성적을 낸다. 조직 구성원의 유대감이 높고 소통이 잘 되는 조직은 승승장구할 수 있다.

대한민국 축구 대표팀의 주장이었던 박지성 선수. 항상 성실한 플레이로 많은 국민들에게 사랑을 받았다. 또 세계 최고의 클럽에서 뛰는 모습은 대한민국의 자랑이다. 많은 사람들이 알고 있듯이 박지성 선수는 학연과 지연이 팽배한 축구 국가대표 선발과정에서 잠재력과 가능성 하나로 선택받았다. 그리고 2002년 월드컵에서 멋진 활약을 통해 유럽리그에서 활약할 수 있었다.

월드컵 무대에서의 활약 이후 박지성 선수는 네덜란드 리그로 이적했다. 축구선수들은 최고의 리그라 말하는 스페인, 잉글랜드, 이탈리아 리그에서 뛰기를 희망한다. 박지성 선수는 네덜란드 리그에서 경험과 경력을 쌓고 마침내 최고의 잉글랜드 리그로 이적한다. 그리고 최고의 팀인 맨체스터 유나이티드의 일원이 되었다. 박지성 선수에게 월드컵은 실력을 인정받을 수 있는 공모전이었다. 그리고 처음부터 큰 무대로 가지 않고 조금은 작은 무대에서 주전으로 활약하며 경력을 쌓고 경쟁력을 보여줬다. 그리고 2년 뒤 축구선수라면 누구나 뛰어싶어하는 맨체스터 유나이티드 축구클럽의 일원이 되었다.

취업에 있어서도 많은 취업준비생들은 높은 연봉을 주는 대기업을 희망한다. 하지만 모두가 희망대로 취업에 성공하지는 못한다. 실력을 검증받을 수 있는 공모전의 입상은 취업의 경쟁력이 된다. 또한 중소·중견기업 중에도 좋은 회사는 정말 많다. 경력과 경험을 쌓고 성실한 모습을 보여준다면 여러분의 가치를 인정받을 더 좋은 기회는 반드시 생길 것이다.

이력서 작성법

이력서 작성은 취업에 있어서 매우 중요한 부분이다. 왜 이력서가 중요할까? 그것은 취업을 위한 첫 번째 관문이기 때문이다. 이력서와 자기소개서를 통과해야만 면접의 단계로 넘어갈 수 있다. 이력서는 지원자가 인사담당자에게 보이는 첫인상이고 이력서를 통해 자신을 어떻게 표현하느냐에 따라 다른 느낌을 줄 수 있기 때문에 이력서를 흔히 '광고지'라고도 말하기도 한다. 이력서는 지원자의 상품성이 표현될 수 있도록 강한 첫인상을 주어야 한다. 또한 이력서는 일정한 형식을 요구하는 문서다. 지원자의 인적사항, 경력사항, 학력사항 등을 기술하고 일정한 틀 안에서 자신의 능력이 돋보이도록 간단명료한 표현이 필요하다. 특히 이력서는 정성이 깃든 문서로 작성 후 오타나 실수가 없는지 확인을 반드시 해봐야 한다.

기업이 이력서를 요구하는 이유는 이력서를 통해 지원자가 업무에 관련된 능력과 자격을 갖추고 있는지 여부를 판단하고자 한다. 따라서 지원 분야와 상관관계가 있는 역량을 표현하는 것이 무엇보다 중요하다. 그러면 이력서에는 어떤 내용을 생각하며 적어야 할까? 먼저 '나는 당신 회사에 OO업무에 지원을 하는 사람입니다.' 라는 지원 분야에 대해 정확히 기록해야 한다. 두 번째 'OO업무와 관련하는 OOO한 준비가 되어 있습니다.'라는 스펙이나 공모전 입상의 내용이 필요하다. 세 번째 'OO도 할 줄 알고, OO에 대해서도 알고 있습니다.'라는 지원자의 경력이나 경험에 관한 내용이 포함되어야 한다.

서류전형에서 떨어지는 지원자들을 대상으로 '왜 서류전형에서 떨어졌다고 생각하세요?'라고 물어보면

'내 실력이 부족해서'(28%)

'나의 능력을 알아주지 않아서'(26.7%)

'이력서 작성의 실수로'(17%)

'잘 모르겠다.'(11.9%) 등의 답변을 볼 수 있다.

'능력을 알아주지 않아서, 이력서 작성 실수'에서 볼 수 있듯이 자신의 실수가 서류전형 낙방의 큰 원인이다. 그 만큼 꼼꼼히 확인해 보는 노력이 필요하다.

이력서 작성 세부사항에 대한 점검을 해보자. 먼저 사진은 3개월 이내에 촬영한 것을 원칙으로 하고 있지만 무엇보다 면접 때와 같은 준비자세가 필요하다. 정장차림에 단정하고 밝은 인상을 주는 사진을 부착한다. 인적사항은 주민등록 등/초본에 기재된 내용과 동일하게 기록해야 하며 지원 분야는 우측상단에 반드시 기재해야 한다.

학력사항 작성 할 때는 보통 고등학교부터 작성하는 것이 일반적이며 졸업, 입학 날짜는 귀찮더라도 서류를 찾아보고 정확히 작성하는 것이 필요하다.

또한 경력사항은 지원 분야와 상관관계가 있는 내용을 빠짐없이 기재하고 학력 및 경력사항을 기재할 경우 최근 것부터 역순으로 적

어 내려가는 것이 일반적이다.

특기사항 및 상벌 작성 시 각종 자격증이나 면허증 취득사항 등을 기재하고 관련 자격증의 발급기관 및 날짜를 정확하게 기재해야 한다. 자격증 취득이 없는 경우에는 학교나 고용지원센터에서 진행하는 프로그램이나 연수에 참가해서 받은 수료증을 기재하는 것도 취업에 대한 열정을 표현할 수 있다.

마지막으로 '상기 사항에 사실임을 증명합니다.'라고 적은 뒤 아랫줄에 작성날짜를 년, 월, 일로 기재한다. 서명란에는 도장을 찍고, 끝으로 오타가 없는지, 접히거나 더럽혀지지 않았는지 다시 한 번 확인하고 우편접수 시 반드시 서류 봉투에 넣어 보내고, Email을 통한 지원일 경우에는 사진이 문서에 잘 첨부되었는지 반드시 확인해야 한다.

자기소개서 작성법

회사는 자기소개서를 통해 지원자를 보다 깊이 있게 평가하고자 한다. 또한 자기소개서를 통해 지원자의 대인관계, 성장환경, 적응력, 인생관, 장래성 등을 가늠하고자 한다. 자기소개서의 구성은 회사나 단체의 특성상 항목이 조금씩 다르기는 하지만 기본적으로 성장과정, 성격의 장단점, 학창시절 및 경력사항, 지원동기 및 입사 후 포부 등으로 구분되는 것이 일반적이다. 각 항목별로 이력서에서 기술하지 못한 직무능력 및 인성을 구체적으로 표현해야 한다. 자기소개서는 면접의 기초자료가 되므로 거짓으로 작성하거나 인터넷에 떠도는 글을 옮겨 적어서는 안 된다.

성장과정은 남과 다른 부분을 특별함을 적는 것이 필요하다. 유의

할 점은 '저는 1900년 00월 00일 물 맑고 살기 좋은 000에서 몇째로 태어나... 집안은 가훈은...' 이런 표현은 굉장히 진부한 표현으로 삼가고 가정교육, 인격형성의 동기, 자신에게 가장 큰 영향을 끼친 인물 등과 관련한 에피소드와 함께 작성하면 좋다.

성격의 장단점은 장점을 기술하고 단점을 극복하기 위한 구체적 노력을 작성하면 좋다. 그리고 직장생활에 있어서 극복하기 힘든 단점을 기술하면 안 된다.

학창시절 및 경력사항에서는 자신이 지원하고자 하는 분야와 상관관계가 있는 내용을 적어야 한다. 대학생활 중 겪은 경험이나 그로 인해 갖게 된 가치관 및 직업의 동기, 또한 희망직무를 위한 노력 등 열정을 표현해야 한다.

지원동기 및 입사 후 포부에서는 지원자가 지원하게 된 직접적 동기와 지원자 자신이 갖고 있는 직무에 대한 자신감, 회사 성장에 기여할 수 있다는 기대감을 구체적으로 보여줘야 한다.

많은 인사담당자들이 이야기하는 최고의 자기소개서는 참신한 자기표현형이라고 한다. 채용공고를 보고 갑작스럽게 작성하다보면 너무 추상적이고 앞뒤의 문맥이 잘 맞지 않는 표현의 내용을 많이 볼 수 있다. 평소 에피소드, 아이디어 등이 생각날 때마다 메모를 하면서 기록을 해두면 자신 만의 참신한 내용을 작성할 수 있다.

반대로 인사담당자들이 싫어하는 자기소개서는 첫 번째 겸손하지 못하고 상투적인 표현이 많은 자기소개서라고 한다. 또한 지원동기 및 입사 후 포부에서 지원회사를 '귀사, 당사' 등으로 표현한 내용이라고 한다. 이런 모습에서 인사담당자들은 지원자가 여러 회사에 지원하고 있다고 판단한다.

성공적인 자기소개서 작성법

1. 지원 직무 및 기업의 속성에 맞춰 자신이 적임자임을 보여라.
2. 내용을 한 문장으로 보일 수 있는 헤드라인을 달아라.
3. 지원 직무와 관계된 구체적인 경험을 바탕으로 작성하라
4. 참신한 문구로 시작하라.
5. 입사 지원동기를 구체적으로 밝히고 자신의 포부와 비전을 제시하라.
6. 자신의 장점을 최대한 부각시켜라.
7. 지원회사만 생각하고 자기 소개서를 작성하라.

면접!

면접은 취업을 위한 최종관문이고, 지원자 스스로 자신의 역량과 재능을 PR할 수 있는 가장 좋은 시점이다. 최근 많은 기업 및 단체에서는 서류전형 보다 면접의 비중이 더욱 높이고 있고 면접에서 지원자의 학력, 스펙 등을 보지 않고 인물로 평가하는 블라인드 면접도 실시되고 있다. 따라서 구직자 역시 면접시험에 대해 더 많은 관심과 노력이 필요해졌다.

면접심사는 단독면접, 집단면접, 토론면접, 다차원면접, 프리젠테이션 면접, 영어면접 등이 있다.

단독면접의 경우 지원자 한 사람을 불러놓고 면접관이 개별적으로 질의하는 형태를 갖고 있다. 시간은 많이 걸리지만 지원자에 대해 조목조목 알아볼 수 있는 면접의 형태다. 따라서 지원자는 지원회사, 직무와 관련하여 종합적인 준비가 필요하다.

집단면접의 경우는 두 가지 형태로 나누어 볼 수 있다. 먼저 면접

관 여러 명이 한명의 지원자를 평가하는 개별면접의 형태가 있다. 회사 입장에서는 지원자를 객관적으로 평가할 수 있는 좋은 방법이지만 상대적으로 지원자는 더욱 위축될 수밖에 없다. 당황스런 질문도 있을 수 있으므로 항상 침착하게 대응하는 모습이 필요하고 대기실에서 긴장을 풀고 제출한 입사지원서류를 검토해 보면서 자신감을 갖는 것이 필요하다. 집단면접의 또 다른 형태는 면접관 다수가 지원자 다수를 불러놓고 평가하는 다대다면접의 형태가 있다. 이 경우 지원자를 동시에 관찰하면서 비교 평가할 수 있고 채용에 객관성을 유지할 수 있는 면접방식으로 많은 기업에서 실시하고 있다. 이 경우 대답을 할 수 있는 기회가 적을 수 있으므로 자칫 지원자는 자신의 장점을 보여주지 못할 수 있다. 따라서 다른 지원자와 차별화 될 수 있는 전략이 필요하며 자신만의 개성 있는 답변 준비가 필요하다.

출강하는 대학에서 면접과 관련된 강의를 진행할 때면 항상 자기소개 1분의 시간을 갖는다. 그러면서 집단면접에서 차례대로 자기소개를 할 경우 개성 있는 소개를 해보라 권하면서 이런 예를 들어본다. “안녕하십니까? 돼지라 불리는 남자 OOO입니다. 제가 돼지라 불리는 이유는 항상 ‘하면 되지! 해보면 되지!’라는 말처럼 긍정적인 말을 많이 해서 친구들이 붙여준 별명입니다. 그리고 저는 돼지가 가장 긍정적인 동물이라 생각됩니다. 그 이유는 돼지는 주인이 어떤 먹이를 줘도 항상 맛있게 먹습니다. 그것처럼 저는 회사에서 어떤 업무를 맡기셔도 항상 긍정적으로 최선을 다할 준비가 되어있습니다.”

토론면접의 경우 토론의 주제를 정해놓고 지원자 다수가 30분 정도의 시간에 토론하는 모습을 보고 평가를 하는 방식이다. 이 경우 토론의 주체가 되어 적극적인 의견을 제시해야 하며 다른 지원자가 발표를 할 때는 경청하는 모습을 보여주어야 한다. 면접관은 지원자들이 토론을 하는 과정에서 판단력, 설득력, 리더십 등을 평가한다.

최근 기업에서는 이색면접이라 불리는 다차원면접이 많이 실시되고 있다. 지원자와 면접관이 회사 밖에서 스포츠, 술자리, 합숙훈련 등을 통해 다방면으로 지원자를 평가하는 면접방식이 실시되기도 한다. 이 경우 지원자는 항상 면접이 진행된다는 사실을 명심해야 하며 자연스럽게 다른 지원자와 원만한 관계를 유지하면서 자신의 장점을 표현할 수 있어야 좋은 평가를 받을 수 있다.

그 밖에 프리젠테이션 면접 및 영어 면접의 경우 하루아침에 좋은 실력을 갖출 수는 없다. 지원회사의 면접형태를 미리 파악하고 준비하는 열정이 필요하다.

효과적인 면접 준비

면접에서 지원자의 이미지는 취업당락에 많은 영향을 끼친다. 취업포털 인쿠르트 조사결과 기업의 인사담당자 설문조사에서 '면접에서 지원자의 이미지가 채용결정에 영향을 끼치는가?' 라는 질문에 73.1%가 '그렇다!'라고 답변했다. 지원자는 자신의 이미지에 대한 분석과 호감을 주기 위한 노력이 필요하다. 사람의 이미지형성의 요소는 크게 시각, 청각, 언어로 나누어 볼 수 있다. 지원자의 용모, 복장, 표정, 인사, 자세, 말의 내용, 음성, 억양, 속도 등을 통해 평가될 수 있다.

지원자는 대기실에서 자신의 순서를 기다리다 순서가 되면 면접시험장으로 이동 후 입장한다. 입장할 때는 반드시 자신의 옷차림과 용모, 표정 등의 전체적인 점검을 하고 당당하고 자신감 있는 자세로 입장을 해야 한다. 면접 시험장에는 자신이 앉을 의자가 준비되어 있는데 의자 앞에 서서 면접관을 향해 정중례 인사를 한 후 면접관이 앉으라는 말이 있은 후 자리에 앉아야 한다. 정중례의 인사는 30~45도 정도의 숙임이 있는 인사법으로 평소 연습하지 않으면 고개만 정중례하는 모습을 보게 된다. 인사를 할 때 여자지원자는 공수자세를 일반적으로 하는 데 이때 반드시 오른손이 위로 향해야 하며 남자지원자는 공수자세를 하지 않고 바지 재봉선에 가볍게 주먹 쥔 손을 붙이고 인사 하는 것이 좋다. 인사의 경우 인사말(안녕하십니까?)을 먼저하고 정중례 인사 후 밝은 표정으로 면접관을 응시하면 좋은 평가를 받을 수 있다.

의자에 앉을 때는 어깨와 허리를 반듯하게 피고 의자의 등받이에 엉덩이가 닿을 만큼 앉는 것이 좋다. 여성의 경우 무릎을 붙이고 다리를 살짝 사선으로 놓으면 더 아름다운 모습을 연출할 수 있다. 남성은 무릎과 발꿈치의 각도가 90도가 되게 하며 무릎과 무릎사이를 살짝 벌리는 것이 좋다. 남녀 모두 턱은 당겨주고 시선은 정면을 응시하며 입가에 미소를 잃지 말아야 한다.

면접의 복장은 직무의 특성을 고려한 단정하고 무난한 복장을 선호한다. 뉴스를 진행하는 남녀 아나운서의 모습을 참고하면 좋다. 여성의 경우 일반사무직 및 공무원을 지원하는 경우 너무 튀거나 화려한 모습으로 남의 눈에 두드러지는 옷차림은 가급적 피해야 한다. 기본 원 버튼의 자켓과 H라인 스커트 또는 바지를 매치하여 깔끔하고, 단정한 이미지를 연출하자. 전문직의 경우 지적인 이미지가 중요한 전문직종의 면접 자리에는 모던한 이미지를 줄 수 있는 그레이톤이나 감색톤의 정장을 선택하는 것이 좋다. 전체적인 정장의 실루엣은 기본 스타일이되, 스트라이프의 색상으로 포인트를 주는 것이 효과적이다. 스트라이프가 들어간 아웃터에는 같은 계열 컬러의 블라우스나 이너를 연결 매치시킬 수 있다.

남성 지원자의 경우는 몇 가지 체크포인트

- 귀와 이마가 보이는 헤어스타일인가?
- 동색계열의 상하 한 벌의 정장인가? 구김은 없는가? 넥타이는 깨끗한가?
- 셔츠의 소매나 깃은 깨끗한가? 구두는 정장 구두인가?

면접에서 지원자의 이미지는 채용결정에 중요한 영향을 줄 수 있다. 하지만 긍정적 사고와 신뢰감을 줄 수 있는 지원자의 내적 이미지는 무엇보다 중요할 것이다. 지원자는 면접이 진행되는 동안 밝은 표정과 자신감 있는 태도, 직무와 관련한 열정을 표현하는 적극적인 자세가 필요하다.

더 즐거운 **변화**

저 자 김 기 태
발행처 충북대학교 출판부
발행인 김 승 택
표지디자인 design of (www.ofof.kr)
내지편집 임 기 정

주 소 (361-763) 충북 청주시 흥덕구 내수동로 52 (개신동)
전 화 (043) 261 - 2952, 3014
팩 스 (043) 274 - 1256
이메일 presscbu@chungbuk.ac.kr

등 록 제1983-2001-7호
초판 1쇄 2011.09.01
초판 2쇄 2011.09.30
인쇄처 도서출판 수덕인쇄 (043) 266-4627

ISBN 978-89-7295-180-3 00040

값 7,000원